Micha und das Osterwunder

Rolf Krenzer
Micha und das Osterwunder
Mit Bildern von Jutta Boxhorn

gabriel

Inhalt

Später Besuch 7
Nächtliche Gespräche 22
Der Einzug nach Jerusalem 28
Tumult im Tempel 42
Bei den Großeltern 52
Für oder gegen Jesus 57
Das Festmahl am Abend 65
Eine Nacht wie keine andere 73
Ein neuer Tag 85
Vor dem obersten Priester 90
Der König der Juden 96
Der letzte Weg 105
Gestorben und begraben 111
Die Tage danach 115
Jesus lebt 123
Das Ende und ein neuer Anfang 130

Später Besuch

Rut deckte gerade den Tisch fürs Abendessen und hatte ihren Sohn Micha in die Küche geschickt, um noch das Brot zu holen. Da klopfte es draußen an die Haustür aus schwerem Holz. Der Junge hielt kurz inne und wollte gleich zur Tür laufen. Doch ein donnerndes »Halt!« seines Vaters hielt ihn zurück.

»Wenn es draußen schon dunkel geworden ist, lass lieber mich die Tür öffnen«, sagte der Vater und stand vom Tisch auf. Er griff nach der Öllampe und ging ohne jede Eile durch den schmalen Flur zur Tür.

»Wer weiß, wer sich jetzt so kurz vor dem Passahfest noch alles auf den Gassen herumtreibt«, meinte die Mutter und beobachtete ihren Mann Jonatan, der ein Brettchen an der

Tür etwas zur Seite schob. So konnte er durch einen schmalen Spalt nach draußen sehen.

»Öffne besser nicht«, flüsterte sie ihm zu und stellte sich hinter ihn. »Wer etwas von uns will, kann auch morgen noch zu uns kommen. Morgen, wenn es hell ist.«

Rebekka und Ariel, Michas jüngere Geschwister, waren nicht vom Tisch aufgestanden. Sie beobachteten ihren Vater mit großen Augen.

Jonatan schob das kleine Brett wieder zurück und machte sich nun daran, den schweren Riegel zurückzuschieben.

»Jonatan«, rief Rut ängstlich und griff nach seinem Arm. Doch Jonatan wandte sich nur kurz um, lächelte viel sagend und nickte dann allen beruhigend zu.

»Ist das zu glauben, ihr seid es wirklich schon«, rief er nach draußen und öffnete die Tür so weit, dass eine Frau und zwei Kinder hereinkommen konnten. »Ihr wolltet doch erst morgen oder übermorgen kommen. Was treibt euch denn heute noch so spät nach Jerusalem?«

»Zum Passahfest wollten wir auf jeden Fall bei euch sein«, sagte die Frau. »Die andern haben noch ein Lager vor der Stadt aufgeschlagen. Aber wir wollten unbedingt heute noch zu euch.«

»Marta«, rief Rut aus und lief mit schnellen Schritten auf die Frau zu und umarmte sie. Dann begrüßte sie die beiden Kinder, die sich ein wenig ängstlich und verschüchtert an die Frau drückten. »Du bist bestimmt Ester«, sagte Rut mit warmer Stimme. »Und du musst

Daniel sein.« Und als die beiden zustimmend nickten, fragte sie lachend: »Dann wisst ihr sicher auch, wer ich bin.«

»Die Tante Rut«, riefen Ester und Daniel wie aus einem Mund.

»Ihr kommt gerade richtig zum Abendessen.« Rut schob alle drei zum Tisch. Dort war noch genug Platz.

Jonatan hatte inzwischen die Tür wieder geschlossen und verriegelt und kam nun dazu. »Micha, Rebekka.« Die Kinder wussten genau, was der Vater meinte, als er kurz zu ihnen hinüberblickte und auf den Besuch zeigte. Sie liefen los und brachten zwei mit Wasser gefüllte Schüsseln, die sie vor die Kindern hinstellten.

»So viel Zeit haben wir immer«, meinte Rut. Sie hockte sich zu Daniel und Ester und löste die Sandalen von ihren Füßen. Sofort steckten die Kinder ihre Füße in die Schüssel.

Micha beobachtete verstohlen, wie sich die Frau nun selbst ihre Sandalen auszog und den Staub von den Füßen wusch. Sie sah seiner Mutter wirklich sehr ähnlich.

»Deine Kinder sind ja auch schon groß, Rut«, sagte sie gerade. Und als Rebekka ihr ein Tuch zum Abtrocknen reichte, strich sie ihr übers Haar. »Du warst noch nicht geboren, als ich nach Kana gegangen bin«, sagte sie leise. »Und Micha war gerade mal zwei Jahre alt.« Sie lächelte ihn mit ihren schwarzen Augen an, und Micha sah, dass sie wunderschön war. »Du kannst dich bestimmt nicht mehr an mich erinnern.«

Das war sie also. Tante Marta, Mutters Schwester, von der sie ihnen so viel erzählt hatte. Vor vielen Jahren war Tante Marta mit Tomas, ihrem Mann, nach Kana gezogen. Tomas war damals zum Passahfest nach Jerusalem gekommen. Marta und Tomas hatten sich kennen gelernt und sofort ineinander verliebt. Doch nach dem Passahfest musste er wieder zurück nach Kana. Dort wohnten seine Eltern und dort hatte er seine Arbeit. Aber ein halbes Jahr später war er wieder da und sprach mit Martas Eltern. Und Martas Vater stimmte schließlich zu, dass er Marta heiraten durfte.

Seit ihrer Hochzeit lebten Marta und Tomas in Kana. Michas Großeltern waren zur Hochzeit nach Kana gereist, aber normalerweise wohnten sie mit Michas Onkel David nur ein paar Straßen von Michas Familie entfernt.

Seit damals hatten sich die Schwestern nicht mehr gesehen. Der Weg nach Jerusalem war weit. Und Rut war auch nicht aus Jerusalem herausgekommen. Inzwischen war Micha bereits zehn Jahre alt und Rebekka schon acht.

»Du musst ein bisschen jünger als Ester sein«, meinte Tante Marta. »Sie wird nächste Woche neun.«

»Ich bin schon lange acht«, antwortete Rebekka stolz. »Mindestens seit zwei Wochen.« Sie schaute sich verwundert um, als alle lachten. Sie war sich sicher, dass sie keinen Witz gemacht hatte.

»Und Daniel ist genauso alt wie ich«, rief Ester und nickte dankend, als die Mutter Gemüse in ihren Teller schöpfte.

»Das geht doch gar nicht«, platzte Rebekka heraus.

»Doch«, antwortete Daniel. Es war das erste Mal, dass er überhaupt etwas sagte. »Natürlich geht das. Wir sind Zwillinge.«

Jetzt lachten alle, weil Rebekka so verdutzt guckte.

»Ich habe noch eine Überraschung für uns alle.« Die Mutter brachte eine Schüssel herein und stellte sie mitten auf den Tisch. Als sie den Deckel hochhob, sagte Daniel glücklich: »Fisch!«

»Fisch ist sein Lieblingsessen«, erklärte Marta.

Dann machten sie sich schnell daran, den Fisch aufzuteilen, denn er schmeckte nur gut, wenn er heiß gegessen wurde. Sie griffen begeistert zu und es reichte für alle.

»Wo habt ihr denn euren Vater gelassen?«, fragte Jonatan nach dem Essen. »Ihr seid doch bestimmt nicht den weiten Weg von Kana nach Jerusalem ganz allein gekommen.«

»Wann seid ihr denn losgegangen?«, fragte Rut dazwischen. »Wie lang wart ihr unterwegs?«

»Sie haben hier ganz in der Nähe ein Lager aufgebaut. Zwischen zwei Dörfern«, erzählte Marta. »Dort ist auch Tomas.«

»Wo?«, fragte Rut nach.

»Zwischen Betfage und Betanien.« Marta lächelte. »Aber ich habe es einfach nicht mehr ausgehalten. Ich wollte unbedingt meine Schwester wieder sehen.«

Gleich legte Rut den Arm um sie.

»Betanien kenne ich«, sagte Jonatan. »Da war ich schon. Aber warum ist Tomas nicht mitgekommen? Wenn er schon so nah bei uns ist, dann braucht er doch nicht in einem Lager zu schlafen. Wir haben doch Platz genug.«

»Er wollte bei dem Meister bleiben«, antwortete Marta leise. »Sie wollen auch noch einen Esel für den Meister besorgen. Und morgen kommt Tomas ja ganz bestimmt.«

»Wir sind schon lange unterwegs«, berichtete nun Daniel.

Marta nickte. »Länger als drei Monate.«

»Drei Monate?« Micha konnte es nicht glauben. »Braucht man so lang von Kana nach Jerusalem?«

»Wir sind doch Jesus gefolgt«, antwortete Ester leise. »Überall musste er anhalten, weil so viele Leute mit ihm sprechen wollten. Deshalb hat es so lang gedauert.«

»Ihr habt doch meine Nachricht bekommen?«, wollte Marta jetzt wissen.

Jonatan nickte. »Natürlich. Wir haben auch deinen Eltern gleich Bescheid gesagt. Sie erwarten euch morgen und freuen sich schon sehr auf euch alle.«

Jonatan schaute Marta nachdenklich an. »Ihr seid mit diesem Jesus von Nazaret herumgezogen?«, fragte er etwas ungläubig. Und als die Kinder nickten, sagte er: »Ich habe von ihm gehört.«

»Wer ist das?«, fragte Micha gleich. »Was ist das für einer?«

»Jesus ist Jesus«, antwortete Daniel kurz.

»Und ihr seid schon länger als drei Monate mit ihm unterwegs?« Rut schüttelte verwundert den Kopf. »Und dein Mann hat einfach seine Arbeit hingeschmissen?«

Ihre Schwester nickte. »Nicht nur Tomas. Andere auch.«

»Und euer Haus? Die Wohnung? Die Hühner und die Gänse? Er hat einfach alles im Stich gelassen?«

»Ich auch, Rut.«

»Wir alle vier«, bestätigten Ester und Daniel. »Jetzt müssen Großvater und Großmutter auf alles zu Hause aufpassen.«

»Josef, Tomas' Bruder, hat versprochen, sich um alles zu kümmern«, fügte Marta hinzu. »Er wäre auch gern mitgekommen. Aber dann ist er schließlich doch in Kana geblieben.«

»Einer muss ja schließlich auch noch einen klaren Kopf behalten«, brummte Jonatan. »Überhaupt. Das verstehe ich nicht.« Er wiegte seinen Kopf zweifelnd hin und her. »Das geht doch nicht so ohne weiteres. Da kann doch nicht einer einfach so daherkommen, und schon lasst ihr alles stehen und liegen und geht mit ihm. Du, dein Mann und die Kinder.«

»Du siehst, dass es genauso gewesen ist«, antwortete seine Schwägerin schlicht.

»Und wovon habt ihr gelebt? Habt ihr Ersparnisse? Ist jetzt alles aufgebraucht?«

»Bitte, Jonatan!« Rut brachte ihn gleich

zum Schweigen. »Das geht dich nun wirklich nichts an.«

»Wir haben alle zusammengelegt. Alle, die mit Jesus mitgezogen sind.« Marta sagte das so natürlich, als gäbe es überhaupt keine Schwierigkeiten oder Bedenken. »Und es hat immer für uns alle gereicht.«

»Wie viele sind das denn gewesen?«, fragte Jonatan.

»Manchmal zwanzig, manchmal dreißig und mehr. Männer, Frauen und Kinder«, berichtete sie. »Der Judas führt die Kasse. Der schafft es immer, dass wir genug zu essen und zu trinken haben.«

»Und wenn das Geld alle ist?« Jonatan konnte es nicht lassen.

»Dann hat uns Jesus versorgt«, antwortete Daniel darauf.

»Jesus. Hat der noch eine Extrakasse?«

»Nein«, antwortete diesmal Ester und lachte. Sie wunderte sich, wie dumm doch Erwachsene manchmal fragen konnten. »Er sprach ein Dankgebet. Dann teilten wir das Brot aus und es reichte für alle.«

»Und es waren zuerst nur fünf Brote«, ergänzte Daniel. »Ich hab es genau gesehen.«

»Fünf Brote und zwei Fische«, sagte Ester.

»Und nachher waren alle satt?«, fragte Rebekka staunend.

»Es waren viele Leute, die mitgegessen haben«, erzählte nun Marta. »Man sagt, mehr als fünftausend.«

»Und alle sind satt geworden?« Micha konnte es nicht fassen.

»Ja, alle«, sagte Tante Marta. »Schließlich ist er der Messias.«

»Der Messias?«, fragte Rebekka zögernd.

»Der Erlöser.« Tante Marta nickte. »Messias, so nennen ihn viele. Auf diesen Erlöser warten wir seit langer Zeit. In den alten Büchern wird bereits auf ihn hingewiesen.«

»Der Messias ist einer, der gesalbt ist«, versuchte Ester ihrer Cousine zu erklären. »Wenn einer König wird, salbt man ihn mit kostbarem heiligen Öl.«

»Ist Jesus dieser Erlöser?«, fragte Micha. »Hat Gott ihn zum König gesalbt?«

»Ja«, antwortete Marta.

»Aber er will nicht, dass wir ihn so nennen«, warf Daniel ein.

»Und wie sagt ihr dann zu ihm?«, wollte nun Rebekka wissen.

»Die Erwachsenen nennen ihn Meister oder Herr«, antwortete Daniel.

Rut wandte sich an ihren Mann. »Wusstest du von diesem Messias?«, fragte sie.

»Nur wenig«, sagte Jonatan leise.

»Warum hast du nie etwas erzählt?«

»Ich habe das alles nicht so ernst genommen.«

»Morgen kommt er nach Jerusalem«, rief Ester. »Heute besorgen ihm die Freunde noch einen Esel.«

»Er wird auf einem Esel durch das Stadttor von Jerusalem einreiten.« Daniels Augen leuchteten. »Wie ein richtiger König wird er durch das Tor reiten.«

»Vielleicht werden ihn gar nicht viele bemerken«, dämpfte Marta seine Begeisterung. »Er wird so unauffällig sein wie sonst auch. In dem schlichten Mann wird kaum einer den König vermuten.«

Ester blickte sie mit großen Augen an. »Aber seine Freunde hier in Jerusalem werden ihn bestimmt bejubeln.«

Marta strich ihr über die Wange und sagte dann zu Jonatan: »Jesus möchte am Abend mit seinen Freunden in Jerusalem zusammensitzen und das Passahfest feiern.« Sie überlegte kurz. »Da gibt es doch oben in der Stadt diesen schönen Raum?«

Jonatan tat so, als wüsste er nicht, was sie meinte.

»Natürlich kennst du den Raum«, stieß ihn Rut an.

»Ach, den Raum meinst du«, sagte Jonatan schließlich.

»Könntest du dich darum kümmern, dass wir ihn morgen bekommen können?«

»Hm«, antwortete Jonatan nur. Und das hieß nicht ja, aber auch nicht nein.

Nächtliche Gespräche

Es war spät geworden. In der kleinen Kammer wurden die Liegen so zusammengeschoben, dass alle Kinder darauf Platz hatten. Bald schon kuschelten sich die Kinder eng aneinander und genossen es, so warm und geborgen einzuschlafen. Natürlich tuschelten sie zunächst noch miteinander, alberten herum, quietschten und lachten, bis Rut durch ein energisches Wort für Ruhe sorgte. Nur Micha und Daniel flüsterten noch miteinander. Micha wollte noch viel mehr darüber erfahren, was Daniel in den letzten drei Monaten mit Jesus erlebt hatte. Und Daniel erzählte bereitwillig davon.

Die Jungen schraken zusammen, als erneut an die Haustür geklopft wurde. Wieder ging

Jonatan hin und öffnete nach kurzem Zögern. Die Jungen hörten nur Geflüster. Sie konnten kaum etwas verstehen, aber immerhin erkannte Micha einige Stimmen.

»Es sind Nachbarn und Freunde meiner Eltern«, flüsterte er Daniel ins Ohr.

Die beiden lagen mit geschlossenen Augen nebeneinander, hielten den Atem an und lauschten den Gesprächen der Erwachsenen, die sich nebenan rund um den Tisch niedergelassen hatten.

»Hörst du, sie sprechen auch von Jesus«, sagte Daniel leise.

»Pst.« Micha fürchtete, dass die anderen wieder wach werden könnten. »Sie reden darüber, dass Jesus morgen früh wie ein König durch das Stadttor reiten wird.«

Daniel nickte.

Und dann erfuhren sie nach und nach, dass sich zwar viele Leute über das, was morgen geschehen würde, freuten. Andere aber, und das waren die Mächtigen in Jerusalem, die Hohen Priester und all diejenigen, die etwas zu sagen hatten, waren damit ganz und gar nicht einverstanden. Sie sahen in ihm einen Unruhestifter und wollten ihn so schnell wie möglich loswerden.

»Der Kaiser hat unser Land zu einem Teil des Römischen Reiches gemacht«, sagte einer. »Pilatus wird ihn sofort gefangen nehmen, wenn er erfährt, dass die Menschen Jesus zujubeln.«

»Wer ist das?«, fragte Daniel leise.

»Makkabäus, unser Nachbar«, antwortete Micha.

»Nein, Pilatus. Wer ist Pilatus?«

»Der Statthalter des römischen Kaisers. Sein Stellvertreter in Jerusalem.«

»Wir hatten bereits unsere Könige in Jerusalem«, sagte jetzt drüben ein anderer. »Etliche. Wenn sie auch wenig zu sagen hatten und den Römern gehorchen mussten.«

»Das sagt mein Vater auch immer«, flüsterte Micha.

»Und erst die Hohen Priester vom Tempel«, sagte nun eine Frau.

»Und die Rabbiner, die Gottes Gesetze lehren und aufpassen, dass sie nicht übertreten werden«, fügte Michas Mutter hinzu. »Sie sind am schlimmsten.«

»Es sind nicht alles Gottes Gesetze.«

»Marta, wie kannst du das behaupten.« Micha spürte den Vorwurf in der Stimme seiner Mutter.

»Jesus sagt es.«

»Das ist wieder meine Mutter«, flüsterte Daniel stolz.

»Jesus sagt es«, wiederholte sie nachdrücklich. »Und er sagt es im Namen Gottes.«

»Woher willst du das wissen?«, fragten jetzt gleich mehrere Stimmen durcheinander.

»Ich war dabei«, antwortete Marta.

»Ich auch.« Daniel knuffte seinen Vetter in die Seite.

Hell und deutlich klang die Frauenstimme zu ihnen hinüber. Und die beiden Jungen lauschten ihr genauso aufmerksam wie die Frauen und Männer nebenan.

»Ich war dabei«, sagte sie, »als er Kranke heilte. Da konnten gelähmte Menschen plötzlich wieder gehen. Stumme konnten wieder sprechen. Blinde konnten wieder sehen. Ich bin selbst dabei gewesen, als er in Nain einen jungen Mann vom Tod auferweckt hat. Die Leute haben ihn umarmt. So glücklich waren sie. Aber Jesus sagte immer wieder: ›Dankt nicht mir, sondern Gott. Er hat mich zu euch geschickt.‹« Marta schwieg kurz. Dann fuhr sie fort. »Und Jesus vergibt den Menschen ihre Sünden. Das ist am allerwichtigsten.«

»Nein«, gab Michas Vater so laut zurück, dass Micha spürte, wie aufgebracht er war. »Sünden vergeben. Das kann wirklich nur einer ganz allein. Und das ist Gott.«

»Das sagen auch die Hohen Priester und die Gesetzeslehrer«, sagte Daniel zu Micha und vergaß dabei ganz zu flüstern. »Sie behaupten, er lästert Gott. Deshalb würden sie ihn am liebsten umbringen.«

Schon standen ihre Mütter mit einer Öllampe am Bett. »Ihr solltet doch längst schlafen«, sagte Rut leise. »Weckt ja die Kleinen nicht auf«, fügte Marta hinzu.

»Gute Nacht«, antwortete Micha so leise, dass er kaum zu hören war.

»Gute Nacht«, kam es ebenso leise von Daniel.

»Schlaft gut«, sagten die beiden Frauen beim Hinausgehen.

Doch Micha lag noch lange wach, als sein Vetter neben ihm bereits tief und fest schlief. Ihm ging das, was er heute gehört hatte, einfach nicht mehr aus dem Kopf.

Der Einzug nach Jerusalem

Helles Licht fiel bereits durch die beiden schmalen Fenster unter der Zimmerdecke, als Ester die beiden Jungen weckte.

»Wenn wir sehen wollen, wie er durch das Stadttor reitet, müssen wir früh dort sein«, sagte sie. »Nachher sind die Gassen voller Menschen und wir kommen nicht mehr durch.«

Micha und Daniel reckten sich und standen bald darauf neben ihr. Daniel gähnte unverhohlen.

»Du hast gestern Abend dem Micha etwas falsch erklärt«, wandte sich Ester sogleich an ihren Bruder. »Jesus ist nicht irgendein König. Er ist der König des Himmels und der Erde.«

»Und du hast uns belauscht.«

»Ich konnte auch nicht einschlafen«, antwortete sie kurz. Sie gingen miteinander in den Wohnraum.

»Lasst die Kleinen noch schlafen«, sagte Rut und verteilte duftende Brotfladen auf die Tonteller.

Micha lief zur Tür und öffnete sie einen Spaltbreit. Draußen herrschte bereits großes Gedränge. Zum Passahfest waren viele Fremde nach Jerusalem gekommen.

»Wir sind doch schon zu spät«, meinte er ärgerlich.

»Wir gehen sowieso alle zusammen«, sagte seine Mutter. »Allein lass ich dich heute nicht losziehen.«

»Ich bin immerhin schon zehn«, meinte Micha bockig. »Da bin ich wirklich groß genug.«

»Immer noch zu klein«, antwortete seine Mutter und ließ sich auf keine Verhandlungen ein.

»Ich möchte euren Meister auch sehen«, wandte sie sich an Marta. »Und die Kleinen können nicht allein daheim bleiben.«

»Es ist nicht nur unser Meister«, verbesserte sie Marta. »Er ist auf dem Weg zu allen Menschen. Zu mir und zu dir, zu meiner und zu deiner Familie.« Sie blickte sich um. »Wo ist eigentlich dein Mann?«

»Er ist schon lange aus dem Haus«, antwortete Rut und lachte. »Er hat es einfach nicht länger ausgehalten. Bestimmt werden wir ihn unterwegs treffen.«

»Aber er hält doch gar nicht so viel von Jesus?«

»Er muss ihn sehen. Und er hat Angst, dass Jesus etwas passiert, wenn er seinen Gegnern in die Hände fällt.«

»Dann soll Jesus nicht durch die Straßen reiten, sodass ihn jeder sehen kann«, rief Ester ganz aufgeregt dazwischen. »Es ist so einfach, ihn mitten in der Stadt festzunehmen. Warum bringt er sich selbst so in Gefahr?«

Marta legte den Arm um sie. »Er muss nach Jerusalem kommen«, sagte sie, »weil Gott es so will.«

»Genau«, sagte Daniel. »Sie sind doch feige. Wenn er mitten durch die Stadt kommt und ihn alle sehen, dann wagt es keiner, ihn festzunehmen. Jesus hat so viele Freunde und so viele, die ihm glauben. Sie würden ihn beschützen und gegen die vorgehen, die ihm etwas tun wollen.«

Inzwischen waren auch die jüngeren Geschwister aufgestanden. Gemeinsam machten sie sich auf den Weg. Es war schwierig, vorwärts zu kommen und zusammenzubleiben. Wegen der Festtage waren mehr Leute als sonst unterwegs. Darunter auch Freunde und Anhänger Jesu, die sich darauf freuten, ihn wieder zu sehen und vielleicht sogar ein paar Worte mit ihm zu wechseln.

Micha bemerkte verwundert, dass einige Menschen Palmzweige trugen.

»Das sind seine Anhänger«, erklärte Rut. »Sie wollen Jesus mit den Zweigen zuwinken.«

Micha war sofort begeistert. »Ich besorge solche Zweige für uns alle«, rief er und wollte schon losrennen. Seine Mutter packte ihn im letzten Moment. »Halt!«, rief sie. »Wir verlieren einander im Gedränge. Wir bleiben alle zusammen. Nimm Ariel an der Hand.«

Ariel hatte versucht, auf die andere Straßenseite zu entwischen und ließ sich nur höchst ungern von Micha an der Hand nehmen. Schmollend zog er mit ihm weiter.

»Bis zum Tor schaffen wir es nie und nimmer«, sagte Daniel gerade, als die Leute um sie herum plötzlich Jesus lautstark ankündigten.

»Da kommt er«, riefen sie. »Da kommt er, den Gott zu uns schickt«, riefen andere. »Macht ihm den Weg frei!«

Aber Jesus musste noch weit entfernt sein. Mindestens zwei oder drei Gassen vor ihnen war bereits ein unbeschreiblicher Lärm. Wie laut und überschwänglich die Leute Jesus begrüßten und ihm zujubelten, konnte man bis hierher deutlich hören und sogar verstehen.

»Hosianna«, riefen sie. »Sei gegrüßt, Jesus, denn du kommst im Namen Gottes zu uns. Gott hat dich zu uns geschickt: Heil dir, großer König.« Sie feierten Jesus und priesen und lobten Gott. »Ehre sei Gott, Hosianna in der Höhe«, schrien sie sich fast heiser.

Plötzlich entdeckte Daniel eine Palme am Straßenrand. Blitzschnell lief er auf sie zu und begann, an ihr hochzuklettern. Micha folgte ihm ohne Zögern. Schon bald hatten sie eine beachtliche Höhe erreicht.

Jetzt war der Zug mit all den vielen Menschen, die hinter Jesus herliefen, schon viel näher gekommen.

»Ich sehe ihn. Ich sehe ihn«, rief Micha aufgeregt und deutete mit seinem ausgestreckten Arm nach vorn. »Ja, er ist es. Er ist wunderschön. Ja, so kann nur ein Prinz oder ein König aussehen. Er hat lange schwarze Locken«, brüllte er nach unten und fragte dann Daniel: »Warum reitet er nicht auf dem Esel?« Micha klammerte sich mit einem Arm am Baumstamm fest und begann zu winken.

Und tatsächlich, der schöne Mann mit den langen dunklen Locken winkte zurück.

»Das ist nicht Jesus«, rief ihm Daniel zu. »Das ist Johannes. Er führt den Esel und Jesus reitet.«

»Das ist Jesus?« Jetzt war Micha fast ein bisschen enttäuscht. »Der sieht ja aus wie jeder andere.«

Doch Daniel hörte ihm gar nicht mehr zu. »Das müsstet ihr sehen«, rief er. »Sie reißen sich ihre guten Kleider vom Körper und werfen sie auf die Straße.«

»Und er reitet mit dem Esel über die Kleider«, schrie Micha zu seinen kleinen Geschwistern hinunter, die Jesus immer noch nicht sehen konnten. »Das darf nur ein König. Wie ein König reitet Jesus über ihre Kleider. Ja, das muss wirklich Jesus sein.«

Daniel hielt sich am Baum fest, winkte mit der anderen Hand und rief so laut er konnte: »Jesus. Siehst du mich? Hier bin ich.«

Er musste sich gewaltig anstrengen, denn um ihn herum schrien alle. Und jeder wollte, dass Jesus es hörte.

Da bemerkte Micha, dass der Mann mit den schwarzen Locken Jesus die beiden Jungen auf der Palme gezeigt hatte. Und Jesus schaute zu ihnen hinauf und erkannte Daniel. Er nickte ihm und Micha lächelnd zu

und winkte. Begeistert winkten die beiden zurück.

»Siehst du, er hat mich gleich erkannt. Sogar hier oben auf der Palme«, jubelte Daniel. »Und dort drüben ...« Seine Stimme überschlug sich fast. »Dort geht mein Vater.«

Er streckte seinen Arm aus, um Micha seinen Vater zu zeigen.

»Dort neben dem Mann mit dem blauen Kittel. Neben Petrus, dem Fischer.«

Sein Vater hatte ihn gesehen und winkte ihm zu. Auch Petrus hob seine Hand.

»Kennst du die alle?«, fragte Micha.

»Alle«, antwortete Daniel. »Wir sind ja zusammen nach Jerusalem gekommen.«

Und dann ritt Jesus geradewegs durch die Straße, in der sie warteten. Jetzt konnten Rut, Marta, Ester, Rebekka und Ariel endlich auch Jesus auf dem Esel mit all seinen Jüngern sehen. Die Leute wichen zur Seite, damit der Esel genug Platz hatte, um weiterzutraben. Auch hier jubelten die Leute Jesus zu. Sie winkten mit den Palmzweigen, und einige hatten sich sogar noch bunte Bänder zum

Winken besorgt. Sie schwenkten sie wie bunte Fähnchen.

Und wieder legten einige Menschen ihre wertvollen Kleider vor den Esel und freuten sich, wenn er seine Hufe darauf setzte.

Johannes war nun so nah bei den beiden Jungen, dass er für einen Augenblick seinen Platz an der Seite des Esels verließ und mit ein paar Sprüngen am Fuß der Palme stand. Er hüpfte hoch und erwischte sie an den Füßen. Da lachten alle drei laut und übermütig. Doch dann machte er kehrt und beeilte sich, wieder zu Jesus zurückzulaufen. Micha konnte sehen, wie er wieder nach dem Zaumzeug des Esels griff. Er drehte sich noch einmal kurz zu ihnen um, dann ging er weiter.

»Der ist ja nett, der Johannes«, meinte Micha, als sie wieder vom Baum herunterstiegen.

»Das finden alle«, stimmte Daniel zu. »Sie sagen sogar, dass Johannes der Lieblingsjünger von Jesus ist. Aber keiner ist auf ihn eifersüchtig. Sie haben ihn alle gern.«

Als sie wieder neben den andern auf der

Straße standen, sagte Marta gerade zu Rut: »Judas hat noch einmal nach dem Raum für heute Abend gefragt ...«

»Du hast doch sicher gesagt, dass alles geregelt ist«, antwortete Rut. »Jonatan hat den Raum bereits bestellt.«

»Aber er zögerte gestern doch noch?«

»Er fragt und zweifelt immer. Aber er ist heute Morgen gleich losgegangen, um das mit dem Raum zu regeln.«

Alle spürten, wie erleichtert Marta jetzt war. »Jesus wird zum Tempel reiten«, sagte sie. »Im Tempel will er zu Gott beten.«

»Dürfen wir auch zum Tempel laufen?«, fragten die Kinder wie aus einem Mund.

»Ihr seid fremd hier«, sagte Marta. »Da möchte ich lieber, dass wir alle zusammenbleiben.«

»Aber wir wollen doch zu Jesus. Da wird uns bestimmt nichts passieren. Vater ist auch dabei. Und Johannes gibt auf uns Acht«, beharrte Daniel.

»Wir wollten aber doch zu euren Großeltern gehen«, wandte Marta ein.

Da ergriff Rut die Partei der Kinder. »Micha kennt sich aus«, sagte sie. »Er war schon oft mit uns im Tempel. Er kennt den Weg.« Sie legte den Arm um Micha. »Und wie du zu den Großeltern kommst, das weißt du ja.«

Micha lachte. »Ich war doch schon so oft bei ihnen. Und oft auch schon ganz allein.«

Nun gab auch Marta ihren Widerstand auf. »Gehen wir zusammen zu den Großeltern«, sagte sie und nickte den beiden jüngeren Kindern zu.

»Ist mein Großvater auch der Großvater von Ester und Daniel?«, fragte Rebekka nach. Sie wollte immer alles genau wissen.

»Ja«, sagte Marta, »und die Mutter deiner Mutter ist auch meine Mutter.«

Die Menge hatte sich inzwischen verlaufen. Viele waren weiter hinter Jesus hergezogen, andere hatten einen anderen Weg eingeschlagen. Schließlich stand das Passahfest vor der Tür, für das noch viele Vorbereitungen getroffen werden mussten.

Und da war auf einmal Jonatan, der mit einigen Männern und Frauen die Straße heruntergekommen war. Sie gehörten sicher auch zu den Begleitern Jesu. Auch ein paar Kinder waren dabei, die sich sofort auf Ester und Daniel stürzten.

»Wo habt ihr die Nacht geschlafen?«, fragten sie und erzählten, dass sie heute Morgen ganz allein den Esel gefüttert hatten.

»Ich habe den Leuten den Raum für heute Abend gezeigt«, berichtete Michas Vater. »Jetzt wollen sie zum Tempel und den Esel wieder abholen. Jesus wird ihn nicht mehr brauchen.«

»Kannst du uns sagen, wo wir preiswert einkaufen können?«, wurde Rut von einer Frau mit einem kleinen Mädchen an der Hand gefragt. Ein paar weitere Frauen kamen hinzu und sagten: »Für heute Abend.«

Rut schickte sie zum Markt. Dorthin, wo sie selbst immer einkaufte.

»Habt ihr genug Geld?«, fragte Jonatan und griff nach dem Beutel unter seinem Rock.

»Judas hat uns reichlich mitgegeben«, gaben sie zur Antwort. »Es soll ja heute ein kleines Festmahl geben.«

Marta blickte ihnen nach, als sie gingen. »Die Frau, die dich gefragt hat, war einmal sehr reich«, sagte sie und schaute Rut an. »Ihr Mann ist gestorben. Als sie Jesus kennen lernte, ist sie gleich mit uns gezogen. Und ihre kleine Tochter, die Mirjam, ist auch mitgekommen. Alles Geld, das sie hatte, hat sie in unsere gemeinsame Kasse getan.«

Bevor Micha mit den beiden endlich losgehen konnte, musste Ester unbedingt noch eine Frage loswerden. »Dürfen wir heute Abend auch mitkommen?«

»Fragt Johannes oder Petrus, wenn ihr sie seht«, antwortete Marta. »Oder fragt den Meister selbst.«

Tumult im Tempel

Auf dem Weg zum Tempel blieb Micha plötzlich stehen.

»Wird Jesus jetzt wirklich zum neuen König gekrönt?«, fragte er und fügte nach einer Weile nachdenklich hinzu: »Was sagt denn der römische Statthalter dazu?«

»Jesus hat immer gesagt, dass Gott ihn jetzt nach Jerusalem schickt«, antwortete Daniel. »Alle, die mit ihm durch das Land gezogen sind, glauben, dass jetzt etwas passiert.«

»Dann werden sie ihn jetzt zum König krönen«, meinte Micha zuversichtlich. »Deshalb ist er sicher auch zuallererst zum Tempel gegangen.«

Der Tempel war ein großes Gebäude mitten in Jerusalem. Ein Ort der Stille, an dem man

Gott finden konnte. Hierhin kamen die Leute, um zu Gott zu beten. Hier konnten sie den Lärm der Stadt hinter sich lassen und selbst still werden. Sie kamen mit allem, was sie bedrückte und fröhlich machte, in den Tempel. Sie baten Gott um Hilfe, wenn jemand in ihrer Familie krank war. Sie suchten Trost, wenn ein Mensch, den sie sehr geliebt hatten, gestorben war. In den Tempel kamen sie auch, wenn sie Gott loben und preisen und ihm danken wollten.

Ja, deshalb war Jesus heute auch zuallererst zum Tempel gegangen.

Weil Micha schon oft mit seinen Eltern hier gewesen war, konnte er die anderen führen. Sie überquerten zunächst einen Vorhof, der auch von Heiden betreten werden durfte. Von Menschen also, die nicht an den Gott der Juden glaubten. Dann erreichten sie eine niedrige Mauer und Micha erzählte ihnen, was die Inschriften an der Mauer sagten: »Nur Juden dürfen hier weitergehen« und »Nichtjuden ist es verboten, den Tempel zu betreten«.

»Jetzt kommen wir in den Vorhof der Frauen«, flüsterte er, als sie durch eine Maueröffnung schritten und eine Freitreppe betraten, die sie vor eine mächtige Steinmauer führte. »Hinter der Mauer liegen die inneren Höfe und der eigentliche Tempel. Seht nur die mächtigen Tore. Sie sind mit Gold und Silber verziert. Neun Tore sind es. Wenn wir jetzt durch eines der östlichen Tore gehen, sind wir im Vorhof der Frauen.« Er führte Ester und Daniel zu einem Tor aus Bronze am Westende. »Weiter darfst du nicht«, flüsterte er Ester zu. »Nur Männer dürfen durch dieses Tor gehen.« Als er Esters ängstliches Gesicht bemerkte, fügte er schnell hinzu: »Wir gehen auch nicht weiter. Hinter dem Tor liegt ein schmaler Hof, der meistens überfüllt ist. Gingen wir dann weiter, gelangten wir zu einer niedrigen Mauer. Hinter dieser Mauer dürfen sich nur die Priester aufhalten. Dort steht auch der Opferaltar. Und dahinter ist eine riesige weiße Wand aus Marmor. Durch die große Öffnung in der Mitte kann man den Eingang zum Heiligtum sehen. Vor den offen stehenden Türen ist ein Vorhang angebracht. Dahinter steht der siebenarmige Leuchter, die Menora, der Tisch mit den Schaubroten und der Weihrauchaltar. Und dahinter«, Micha blickte Ester und Daniel kurz an, »ist noch ein zweiter Vorhang angebracht zu einem weiteren Raum, dem Allerheiligsten. Dort hinein darf nur der Hohe Priester einmal im Jahr, am Versöhnungstag.« Er nickte den beiden zu. »Das hat mir alles mein Vater erzählt.«

Wie gern wäre Daniel weitergegangen. Doch da schallte ein unbeschreiblicher Lärm aus den Toren heraus, sodass die drei Kinder erst erschrocken stehen blieben. Ganz vorsichtig gingen Micha und Daniel dann näher und erkannten schnell, was der Lärm bedeutete.

Schon am frühen Morgen hatten Händler ihre Verkaufstische aufgestellt. Lautstark boten sie nun im Tempel ihre Waren an. Die Viehhändler trieben Ochsen und Schafe hinein. Lärm und Gestank waren schier unerträglich. Überall standen die Tische der Geldwechsler, die hier ihre Geschäfte machten. So kannte Micha diesen Ort. Der Lärm und der Gestank waren ihm vertraut.

Dann entdeckten die Kinder Jesus.

Er stand mit versteinertem Gesicht mitten im Raum. Alle Freundlichkeit war aus seinem Blick gewichen. Zornig blickte er auf die Geldwechsler und Händler. Dann hob er beide Hände. Daraufhin drehten sich einige zu ihm um. Als er laut zu sprechen begann, war der Zorn auch in seiner Stimme nicht zu überhören.

»Gott hat gesagt«, rief er und sah sich mit blitzenden Augen um, »mein Haus soll ein Haus zum Beten sein.« Er lief auf die Händler zu und schrie sie an: »Ihr habt eine Räuberhöhle daraus gemacht. Raus hier.« Ehe ihn irgendeiner bremsen konnte, stürzte er sich auf die Verkaufstische. Er stieß die Tische um, sodass das Geld und die Waren laut scheppernd zu Boden fielen.

Die Kaufleute waren so überrascht, dass sie vor ihm zurückwichen. Sie setzten diesem einsamen Kämpfer keinen Widerstand entgegen, wagten nicht, ihn noch mehr zu erzürnen. So trieb Jesus sie vor sich her. Er trieb sie mit dem Vieh und mit allem, was sie in der Eile noch aufheben und mitnehmen konnten, zum Tempel hinaus. Alle anderen Menschen, die heute im Tempel waren, standen wie erstarrt und sahen sprachlos dem Geschehen zu. Auch die Jünger, die mit Jesus gekommen waren, wichen zurück und blickten sich verlegen an.

Daniel aber ahnte in diesem Augenblick, dass Jesus genau das Richtige tat. Ja, Jesus sorgte dafür, dass der Tempel Gottes gesäubert wurde. Wie oft hatte Daniel davon gehört, dass Jesus der Messias war, auf den alle so lange gewartet hatten. Kein König im prunkvollen Gewand. Kein König mit einer Krone auf dem Kopf. Aber König des Himmels und der Erde. Deshalb wichen die Händler vor ihm zurück und ließen sich von diesem jungen Mann vertreiben, dem niemand so etwas zugetraut hatte.

Und Micha? Er blickte Jesus unverwandt an und wäre am liebsten zu ihm gelaufen.

Auch Ester sah Jesus erstaunt und bewundernd zugleich an. Dann klatschte sie plötzlich in die Hände und rief: »Hurra. Hosianna. Großer König.« Und die Kinder, die im Tempel waren – es waren eine ganze Menge –, stimmten begeistert ein.

»Hurra. Hosianna. Großer König«, schallte es durch den Tempel. Es schallte hoch hinauf an den Wänden bis zur Decke, überall war es zu hören. »Hosianna. Großer König. Hosianna. Großer König.«

Von allen Seiten kamen nun die Priester herbeigelaufen und umringten Jesus. Micha machte Ester und Daniel auf einen Mann aufmerksam, der mit den Priestern gekommen war, jetzt aber im Hintergrund stehen blieb. Über dem weißen Priesterkleid trug er ein langes blaues Gewand und eine Weste, die mit goldenen, roten und purpurnen Mustern bestickt war. Auf der Brust entdeckte Daniel eine goldene Tasche, die mit kostbaren Edelsteinen besetzt war.

»Der Hohe Priester«, konnte Micha Daniel gerade noch zuflüstern, da hatten die Priester Jesus bereits umringt.

»Hörst du, was die Kinder rufen?«, fragten sie Jesus. »Hörst du es? Sie nennen dich König.« Jeder im Raum spürte, wie erschrocken und ärgerlich sie waren. Da ließ sich einer als König ausrufen. Und sie wussten auch, wer das war. Kein anderer als dieser Jesus, der vorhin erst auf einem Esel durch die Stadt geritten war und sich hatte feiern lassen.

Drohend standen die Priester um ihn herum. Doch Jesus wich keinen Schritt zurück.

Er wartete, bis es ganz still war. Dann nickte er und sagte: »Ja, genauso ist es. Gott sorgt dafür, dass sogar kleine Kinder ihn loben. So steht es schon in den alten Schriften.«

Er kehrte ihnen den Rücken und ging geradewegs auf Micha, Ester, Daniel und die anderen Kinder zu. Er legte seine Arme um sie und ging mit ihnen weiter. Die Priester ließ er einfach stehen.

Die Priester standen noch eine Weile unschlüssig herum, dann gingen sie zurück und berieten sich leise mit dem Hohen Priester.

Kaum hatten die Kinder den Tempel verlassen und sich von Jesus verabschiedet, da entdeckten Ester und Daniel ihren Vater, der hier auf sie gewartet hatte. Tomas begrüßte Micha und schlug dann vor, zusammen zu den Großeltern zu gehen.

»Gute Idee«, stimmte Micha sofort zu und sagte dann zu Ester und Daniel: »Sie warten bestimmt schon auf uns.«

Sie bogen bereits um die erste Ecke, als Johannes hinter ihnen auftauchte. »Da finde ich euch ja doch noch«, sagte er atemlos und strahlte über das ganze Gesicht. »Ich wollte euch unbedingt noch sagen, wie toll ich das fand, was ihr getan habt.«

Und bevor sich Micha recht versah, hatte Johannes ihn mit beiden Händen gepackt und hoch über seinen Kopf gehoben. »Toll wart ihr«, rief er lachend. »Einfach toll!« Micha spürte wie ihn eine unbändige Freude erfasste. »Wir sehen uns doch bald wieder?«, fragte Johannes, als er Micha wieder abgesetzt hatte. Micha nickte.

»Dürfen wir heute Abend mit?«, fragte Ester, als sie weitergingen.

»Mal hören, was eure Mutter dazu meint«, antwortete Tomas.

»Wir könnten den Raum herrichten und in der Küche helfen«, bettelte Daniel.

»Ein paar Helfer können wir bestimmt gebrauchen. Und groß genug seid ihr ja.« Dann ging Tomas mit schnellen Schritten voraus.

Bei den Großeltern

Sie waren heute alle zum Essen bei den Großeltern eingeladen. Rut öffnete, als Tomas an die Tür klopfte.

»Mara, unsere Enkelkinder aus Kana sind da«, rief Joschija und eilte zur Tür.

Daniel und Ester waren zunächst etwas schüchtern, als sie so plötzlich ihren Großeltern gegenüberstanden. Doch der Großvater sah mit seinem langen weißen Bart genauso aus, wie Daniel und Ester ihn sich vorgestellt hatten. Nun schaute er sie lange an, nickte und legte ihnen zart die Hände auf den Kopf. »Ich segne euch beide, Ester und Daniel«, sagte er. »Gott sei Lob und Dank, dass ich euch endlich sehen und bei mir zu Hause begrüßen darf.«

Micha sah, dass sein Großvater Tränen in den Augen hatte. So sehr freute er sich.

Die Großmutter nahm die Enkelkinder ohne alle Umschweife in die Arme, drückte sie fest an sich und gab jedem einen herzhaften Kuss. Kein Wunder, dass sich die beiden schon bald wie daheim fühlten.

»Du hast viel zu viel vorbereitet«, rief Marta und legte Mara den Arm um die Schulter. »So viel gutes Essen auf einmal. Das können wir gar nicht alles aufessen.«

»Wartet's nur ab«, sagte Joschija, lachte und wies jedem seinen Platz am Tisch zu. »Eigentlich sollte jeder einen Ehrenplatz erhalten«, meinte er, »aber so viele Ehrenplätze haben wir gar nicht an unserem Tisch.« Er zeigte auf Tomas. »Du setzt dich mit Marta an meine rechte Seite. Jonatan und Rut habe ich öfter bei mir. Ihr müsst heute mit meiner linken Seite vorlieb nehmen. Mein Sohn David ist immer bei mir. Er kann heute ausnahmsweise noch ein Stück weiter zur Seite rücken.«

»Und die Großmutter?«, fragte Micha. »Sie sitzt doch immer neben dir.«

»Heute sitzt sie mir gegenüber«, meinte der Großvater. »Dann haben wir alle Kinder um uns herum.«

David brachte zwei Krüge voll Wasser herein, sodass alle genügend Wasser hatten, um sich vor dem Essen die Hände zu waschen. So reichten sie Wasser und Tücher weiter, bis alle bereit zum Essen waren.

Zuerst stellte Mara zur Feier des Tages frisches Weizenbrot auf den Tisch. Rut hatte es heute Morgen in dem kleinen Ofen gebacken, in dem trockenes Gras, Stroh und Holzkohle für die notwendige Hitze gesorgt hatten. Weizenbrot gab es nur selten. Sonst begnügten sich die beiden so wie die meisten Leute mit einfachem Gerstenbrot.

Dann brachte Mara einen großen Topf mit einem Schmorgericht. Begeistert rief Micha »Ah«, als er entdeckte, dass es Hammelfleisch mit Linsen war. Und außerdem gab es noch ein besonderes Festtagsessen: gebratene Tauben.

Als alle Speisen auf dem Tisch standen, segnete Joschija alles, was sie essen wollten.

»Großer Gott, heiliger Gott«, sprach er, »du hast uns heute zusammengeführt und wir sind dir so dankbar dafür. Du gibst uns immer wieder neu zu essen und zu trinken. Wenn wir nun davon essen, wollen wir nie vergessen, dir für deine Gaben zu danken.« Dann hob er seine Hände und breitete sie über den Speisen aus.

»Gelobt sei Gott«, sagte Mara.

»Gelobt sei Gott«, sagten sie darauf alle gemeinsam.

Nun reichte der Großvater den Korb mit dem frischen Weizenbrot herum. Jeder brach sich ein Stück ab und reichte das Brot weiter. Alle bedienten sich aus dem großen Topf. Man musste immer warten, bis man an der Reihe war. Als alle satt waren, erhob sich Joschija noch einmal und sprach ein Dankgebet.

Für oder gegen Jesus

Während der Mahlzeit war nur wenig gesprochen worden. Doch Micha spürte nur zu deutlich, dass diese Ruhe trog. Es war eine Stimmung wie vor einem schweren Gewitter.

Als die Frauen den Tisch abgeräumt hatten, war die Stille fast unerträglich. Joschija sah sich lange schweigend um, sah einen nach dem anderen an und wandte sich schließlich an Tomas, seinen Schwiegersohn. »Wir freuen uns sehr, dass wir euch endlich bei uns haben«, sagte er bedächtig. »Dich und Marta und eure beiden Kinder.« Er räusperte sich. »Ich habe gehört, dass ihr in Kana überstürzt aufgebrochen seid und alles zurückgelassen habt.«

»Mein Bruder und meine Eltern kümmern

sich um unseren Besitz«, gab Tomas ruhig zur Antwort.

»Ihr seid tatsächlich mit diesem Sohn eines Zimmermanns aus Nazaret herumgezogen?«, fuhr Joschija fort.

»Ja, mit Jesus«, antwortete Marta.

Nun konnte auch David nicht mehr länger ruhig sein. »Dieser Jesus ist ein falscher Prophet, Tomas«, rief er und beugte sich vor. »Er lästert Gott.«

»Gott hat ihn zu uns geschickt. Er führt nur das aus, was Gott von ihm verlangt«, antwortete Tomas.

Mit schneidender Stimme unterbrach ihn Joschija: »Und Gott verlangt von ihm, dass er wie ein König in Jerusalem einzieht? Gerade so, als wäre er der Messias, auf den wir seit vielen Jahren warten.«

»Er ist der Messias.«

»Wer sagt das?« Joschija war erregt aufgestanden.

»Er selbst«, gab nun Marta zurück.

»Er lästert Gott.« Schwer ließ sich der alte Mann wieder zurück auf seinen Platz fallen.

Er atmete heftig. »Der Messias wird uns alle einmal erlösen und befreien. Gott selbst wird ihn zu uns schicken. Marta, glaubst du unseren alten Schriften nicht?«

»Ich glaube und vertraue Jesus«, antwortete Marta und blickte ihrem Vater fest in die Augen.

»Ich auch«, sagte Daniel.

»Er lästert Gott. Er bricht die Gesetze. Es ist ein falscher Prophet«, jammerte Joschija und vergrub seinen Kopf in den Händen.

»Er ist der König des Himmels und der Erde«, sagte Tomas laut. »Er ist jetzt zum Passahfest nach Jerusalem gekommen. Und wir alle werden es erleben, dass er sich uns als König und Messias zeigt.«

»Er wird uns alle ins Verderben stürzen«, sagte Joschija und stand auf. »Lass mich los«, wehrte er Marta ab, die ihn festhalten wollte.

»Vater.«

»Lass ihn gehen«, sagte Mara ruhig und hielt Marta zurück. Joschija hatte bereits den Raum verlassen. »Er will allein sein. Er wird darüber nachdenken, was ihr gesagt habt.«

»Was will uns Jesus hier in Jerusalem beweisen?«, fragte Jonatan.

»Er hat auch davon gesprochen, dass er sterben muss.« Micha hörte deutlich, wie die Stimme seiner Tante zitterte.

»Muss meine Schwester auf solch einen falschen Propheten hereinfallen.« David schlug mit der Faust auf den Tisch.

»Kinder.« Maras ängstliche Stimme rief dazwischen. »Wir wollen uns doch deshalb nicht streiten. Heute, wo wir euch alle zusammen nach so langer Zeit wieder daheim haben.« Sie begann zu weinen. Rut nahm sie in den Arm.

»Wie will er denn beweisen, dass er der Messias ist?«, überlegte Rut laut.

»Man müsste ihn dazu zwingen«, warf Jonatan ein. »Jedenfalls hat das einer der Jünger auch gesagt, den ich vorhin getroffen habe.«

»Wen hast du getroffen?«, fragte Tomas.

»Er zog mit dir heute Morgen hinter Jesus her. Ich glaube, Judas heißt er.«

»Den kenne ich auch.« Rut blickte hinüber

zu Marta: »War das nicht der mit der Kasse, den wir heute Morgen getroffen haben?«

Marta nickte. Dann sprang sie plötzlich auf. »Oh weh. Ich hab ja versprochen mitzuhelfen. Wir müssen doch das Festmahl für heute Abend vorbereiten.«

Jetzt war der richtige Augenblick für die Kinder gekommen. »Nimmst du uns mit?«, bettelten sie. Nach kurzem Zögern willigte Marta ein.

»Ich komme auch mit«, rief Jonatan. »Die Tische müssen aufgestellt werden. Und es gibt bestimmt noch viel zu tun. Da wird jede Hand gebraucht. Und zwei Männerhände auf jeden Fall.« Er nickte seiner Frau zu. »Ich bringe die drei dann wieder mit, wenn ich heimkomme. Auf geht's.« Michas Vater ging bereits zur Tür.

Da stand David auf und packte Jonatan fest am Arm. »Willst du wirklich mitgehen, Jonatan?«, fragte er ihn. »Läufst du jetzt diesem falschen Propheten auch hinterher? Hat er dich bereits dazu gebracht? Du hast doch bis gestern noch auf unserer Seite gestanden, hast laut gegen alle Gesetzesbrecher gewettert und unseren Gesetzeslehrern und dem Hohen Priester Recht gegeben.« Onkel David war immer lauter geworden.

Ärgerlich befreite sich Jonatan von seiner Hand. Er hatte plötzlich einen roten Kopf vor Zorn. »Ich will mir selbst ein Bild von diesem Jesus machen«, sagte er. »Das kann ich nur, wenn ich ihn näher kennen lerne und mehr von ihm erfahre. Vielleicht ist er ein falscher Prophet. Vielleicht aber auch wirklich der Messias. Ich will es selbst herausfinden.«

Erschrocken war Micha neben seinem Vater stehen geblieben. Noch nie hatte er erlebt, dass sich sein Vater und Onkel David stritten. Wie hing er doch an seinem Vater. Und wie sehr liebte er seinen Onkel. Und nun war es ausgerechnet wegen Jesus zum Streit gekommen. Er nahm seinen Vater an der Hand und wollte ihn fortziehen.

»Papa«, jammerte er fassungslos.

Da sah auch David, wie unglücklich Micha war. »Dein Vater hat Recht«, sagte er und seine Stimme klang so freundlich wie immer.

»Seht euch diesen Jesus genauer an. Und dann sprechen wir noch einmal über alles.«

»In Ordnung«, sagte jetzt auch Jonatan und versuchte so zu tun, als sei nichts gewesen.

»Bis später also.« Er ging mit Micha an der Hand schnell hinter den anderen her.

Das Festmahl am Abend

Es war ein schöner Raum, den Jonatan Jesus und seinen Jüngern besorgt hatte. Er gehörte zu einem Haus nah beim Fischtor am östlichen Rand Jerusalems. Ein geräumiger Raum mit ein paar Nebenzimmern. In einem konnte sogar das Essen für den Abend vorbereitet werden.

Daniel und Micha packten gleich mit an und halfen, die Tische so zu stellen, dass alle später Platz daran haben würden. Andreas, einer der Jünger, sagte ihnen, was sie zu tun hatten.

Als sie für einen Augenblick verschnauften, führte er sie an das Fenster. »Seht nur, wie schön es hier ist«, meinte er und zeigte nach draußen. »Man sieht den Ölberg. Und dort drüben ist der Garten Getsemani.« Er atmete tief durch. »Ich freue mich immer, wenn ich wieder einmal in Jerusalem bin.« Dann wandte er sich an Daniel und legte seinen Arm um ihn. »Du bist nun auch schon eine lange Zeit bei uns. Ein richtiger kleiner Jünger.«

Daniel lachte und Micha fragte gleich: »Was ist ein Jünger? Warum nennen euch die Leute so?«

»Wir sagen selbst, dass wir seine Jünger sind«, antwortete Andreas. »Wir sind stolz darauf, Jesu Jünger zu sein. Jünger, das sind Schüler eines Lehrers. Du kannst sie auch Anhänger oder Mitarbeiter nennen.«

»Oder Freunde«, rief Daniel dazwischen. »Ich finde, Freunde ist am schönsten.«

»Deshalb sagt ihr auch Meister, wenn ihr von Jesus sprecht«, meinte Micha.

Andreas nickte. »Wir verehren Jesus, unseren Meister, und gehen mit ihm, wohin er auch geht.«

Dann arbeiteten sie weiter. Und bald war alles so aufgestellt, wie Andreas es sich vorgestellt hatte. Ester stellte noch ein paar Vasen mit Blumen auf die Tische. Sie hatte die schönsten Blumen gepflückt, die sie finden konnte. So wurde eine festliche Tafel daraus. Marta und die anderen Frauen stellten die Körbe mit dem Brot auf die Tafel. Dazu kamen die Krüge mit Wein. Als es dann später wurde, kamen nach und nach die Jünger herein. Sie staunten darüber, wie gut alles vorbereitet und wie schön der Tisch gedeckt war. Jesus und Johannes kamen zuletzt. Tomas sprach kurz mit Jonatan, ging dann mit ihm hinüber zu Jesus und stellte ihn vor.

Johannes aber ging gleich auf einen Blumenstrauß auf dem Tisch zu, hob ihn hoch und suchte mit seinen Augen, bis er Ester und Mirjam entdeckte. »Das können doch nur unsere beiden Mädchen gewesen sein«, rief er und lächelte ihnen zu.

Jesus hatte inzwischen seinen Platz eingenommen und nickte seinen Jüngern zu. Johannes setzte sich auf den Platz neben ihm und rückte so nah er konnte an Jesus heran.

»So, jetzt kommt«, flüsterte Marta und

schob die Kinder vor sich aus dem Zimmer hinaus. Jonatan und die Frauen folgten. Als sie sich gerade im Zimmer nebenan niedergelassen hatten, um ein wenig auszuruhen, kam Jesus herein und bat um einen Eimer mit Wasser und ein Tuch.

»Natürlich«, sagte eine Frau und reichte ihm beides. »Die Füße.«

Kaum war Jesus wieder hinausgegangen, tauschten die Frauen ernste Blicke.

»Er sieht schlecht aus, nicht wahr, Maria?«, sagte die eine. Und die Frau, die sie Maria genannt hatte, sagte: »Erschöpft und unsagbar traurig.«

»So, als hätte er geweint.«

»Gut, dass Johannes nicht von seiner Seite weicht. Er versucht ihm zu helfen, so gut er nur kann.«

Sie schwiegen lange.

»Er hatte Angst, nach Jerusalem zu gehen«, sagte Marta nach einer Weile. »Und er ist doch gegangen, weil er Gott gehorsam ist.«

»Was wird hier mit ihm geschehen?« – »Wenn doch nur alles gut ausginge.«

Die Frauen senkten die Köpfe und dachten an ihn, der jetzt in dem Raum nebenan seine Jünger zu einem Festmahl eingeladen hatte.

Draußen wurde es dunkel. Da gingen die Frauen noch einmal hinein und stellten Öllampen auf die Tische. Als sie zurückkamen, berichteten sie leise von dem, was sie gesehen hatten: »Er hat vor seinen Jüngern auf dem Boden gekniet und hat ihnen die Füße gewaschen.« – »Von einem zum anderen ist er

gegangen und hat ihnen die Füße gewaschen.« – »Wie ein Knecht den Herrn, wie ein Diener hat er seine Jünger bedient.«

»Einige wollten es nicht«, sagte Marta. »Sie wollten lieber ihn, unseren Meister, bedienen.«

»Und ihm die Füße waschen.« – »Aber er hat keinen Einwand gelten lassen.«

»So einer ist er also, dieser Jesus«, sagte Jonatan so leise vor sich hin, dass nur Micha, der neben ihm saß, es verstehen konnte.

Petrus kam herein und brachte den Eimer mit dem Wasser und das Tuch zurück. Er nickte ihnen dankend zu und ging dann wieder in den anderen Raum. Weil die Tür einen Augenblick offen stand, konnten alle Jesu Stimme hören und verstehen, was er sagte: »Ich habe mich so danach gesehnt, noch einmal mit euch zusammen um den Tisch zu sitzen und zu essen, bevor die Zeit meines Leidens beginnt.«

Als die Tür wieder geschlossen war, saßen sie lange mit gesenkten Köpfen da und sprachen kein Wort. Weder die Frauen noch Jonatan noch die Kinder. Sie hätten längst auch hier in dem kleinen Raum eine Öllampe anzünden sollen. Es dachte keiner daran.

Plötzlich wurde die Tür aufgerissen. Einer der Jünger stürzte heraus. Hinter ihm schlug die Tür zu. »Wo willst du hin, Judas?«, fragte Jonatan. Judas stürmte an ihnen vorbei. »Judas, was hast du vor?«

»Ich muss noch etwas erledigen«, sagte Judas und rannte nach draußen.

»Wir sollten uns jetzt auch auf den Heim-

weg machen«, meinte schließlich Jonatan. Eine Frau zündete eine Lampe an.

»Ich nehme Ester und Daniel mit«, sagte Jonatan zu Marta. »Es ist dir doch recht?«

Marta nickte. »Ich komme nachher mit Tomas zu euch«, sagte sie und senkte den Kopf.

»Wir bleiben auf, bis ihr kommt.« Jonatan lächelte Marta aufmunternd zu und nahm Ester an der Hand. Plötzlich zögerte er. »Und was ist mit dir, Mirjam?«, fragte er.

»Oh ja«, rief Ester begeistert. »Kann sie auch bei euch schlafen?« Sie lief zu ihrer Freundin. »Willst du mitkommen?«

»Wenn das möglich ist«, meinte Magdalena, Mirjams Mutter, fragend.

»Natürlich.« Jonatan nickte ihr zu. Dann wandte er sich an die anderen Frauen: »Wer nicht weiß, wo er schlafen soll, ist herzlich eingeladen. Wenn wir alle ein wenig zusammenrücken, haben wir genug Platz für alle.« Er ging mit den Kindern zur Tür. »Vorsicht, Kinder, dass keiner stolpert oder fällt. Es ist bereits dunkle Nacht.«

Eine Nacht
wie keine andere

Stimmen im Haus. Stimmen draußen auf dem Flur, auf den Gängen, im Zimmer nebenan. Fremde Geräusche mitten in der Nacht. Eilige Schritte durch das Haus, über die Treppe. Flüstern, Tuscheln, unterdrücktes Sprechen, Schnäuzen, Weinen.

Wieder ein Klopfen an der Tür. »Pst.« – »Leise.« – »Kommt mit.« – »Hierhin.« – »Durch den Flur, den Gang hinunter.« – »Kommt nach hinten. Da ist noch ein Raum. Ein Raum zum Innenhof. Niemand sieht von der Straße, dass dort noch Licht brennt.« – »Ja, kommt nur hinter mir her.«

Ungewohnte Geräusche, die Angst machen. Selbst die vertrauten Stimmen der Eltern anders, aufgeregt, ängstlich, fremd.

Micha hatte sich auf seinem Lager aufgesetzt und lauschte in die Dunkelheit. Er hatte keine Ahnung, wie spät es war. Aber es musste mitten in der Nacht sein. Die Kleinen schliefen. Er lauschte auf die unheimlichen Geräusche im Haus und spürte deutlich, wie Angst in ihm aufstieg.

Neben ihm richtete sich Daniel auf. Atemlos und still saßen die beiden Jungen nebeneinander und horchten in die Dunkelheit. Dann spürte Micha plötzlich die Hand seines Vetters, die seine Hand suchte, festhielt und drückte. Daniel hatte eine eiskalte Hand. Obwohl es Micha gar nicht kalt war, konnte er nichts dagegen tun, dass seine Zähne aufeinander schlugen.

Als Ester sie leise ansprach, zuckten sie zusammen. »Sagt doch etwas«, flüsterte Ester. »Ich merke doch, dass ihr auch wach seid. Mirjam schläft auch nicht mehr.«

»Hast du die Stimmen im Haus gehört, die Geräusche?«, antwortete Micha.

»Es müssen viele Leute gekommen sein«, sagte Daniel aufgeregt.

»Pst. Nicht so laut, nicht dass die Kleinen wach werden«, flüsterte Mirjam.

»Ich stehe auf und schaue nach«, sagte Ester leise.

»Nein!« Die Jungen versuchten, sie festzuhalten.

Fast reglos saßen sie nebeneinander. Sie schwiegen lange und horchten erneut in die Dunkelheit.

»Ich will wissen, was los ist.« Das war wieder Ester. »Einschlafen kann ich jetzt sowieso nicht mehr.«

Sie stand bereits vor den Jungen.

»Dann gehen wir zusammen«, sagte Micha leise und entschieden. Micha und Daniel, Ester und Mirjam schlichen zur Tür und öffneten sie leise. Sie huschten über den Flur. Im Nebenraum war alles dunkel. Hier war niemand. Barfuß eilten sie durch den Gang nach hinten. Die Tür zum großen Zimmer war geschlossen. Doch sie hörten Stimmen hinter der Tür. Viele aufgeregte Stimmen sprachen durcheinander. Ester drückte ganz vorsichtig die Tür auf.

Der Raum war voller Menschen. Ein paar Leuchter brannten an der Wand. Und Öllampen standen auf den Tischen. Die Leute hockten eng beieinander, sprachen leise miteinander. Einige schluchzten laut.

Mirjam konnte ihre Mutter sehen. Sie saß eng an eine andere Frau gelehnt und weinte. Mirjam stürzte auf sie zu und umarmte sie. Daniel und Ester hatten nun auch ihre Eltern entdeckt. Sie rannten los, drängten sich an sie und ließen sich von ihnen umarmen. Da hielt es Micha allein an der Tür nicht mehr aus. Er lief in die ausgebreiteten Arme seiner Mutter und stammelte: »Die Kleinen schlafen.«

Niemand schickte sie zurück ins Bett.

Nach und nach erfuhren auch die Kinder, was in dieser Nacht geschehen war. Wenn einer schwieg, erzählte ein anderer weiter.

»Während des Abends nahm Jesus von dem Brot«, berichtete einer.

»Er sprach ein Dankgebet und brach das Brot in Stücke«, fuhr sein Nachbar fort.

»Er hat es uns weitergereicht«, sagte ein Dritter mit fester Stimme.

Dann schwiegen alle drei lange.

Michas Mutter räusperte sich. »Ihr gehört zu seinen Jüngern?«, fragte sie leise.

»Ja«, antwortete der, der zuerst gesprochen hatte. »Er gab uns das Brot und sagte dazu: ›Nehmt und esst. Das ist mein Leib.‹«

»So war es.« Sein Nachbar nickte. »Dann nahm er den Becher mit dem Wein, dankte wieder Gott und reichte den Becher weiter. ›Trinkt alle daraus‹, sagte Jesus. ›Das ist mein Blut, das für alle Menschen vergossen wird zur Vergebung ihrer Schuld.‹«

Jetzt sprach auch Tomas. »Da haben sie alle von dem Brot gegessen und von dem Wein getrunken. Und Jesus sagte an diesem Abend zu uns: ›Wenn ihr dieses Brot esst und diesen Wein trinkt, dann sollt ihr wissen: Das ist mein Leib, das ist mein Blut. Und ich bin immer bei euch.‹« Dann fragte Tomas leise seine Kinder: »Versteht ihr das, Ester und Daniel?«

Beide überlegten und schüttelten dann nachdenklich den Kopf.

»Ich verstehe es auch nicht«, sagte Tomas. »Noch nicht.«

»Aber einer kam doch aus dem Raum und ist schnell davongelaufen«, erinnerte sich Micha.

»Das war Judas«, bestätigte Daniel.

»Er hat Jesus verraten«, sagte einer. Micha erkannte ihn gleich wieder. Es war Andreas, mit dem sie am Nachmittag den Raum vorbereitet hatten. »Jesus hat gewusst, dass Judas ihn verraten würde.«

»Jetzt wissen wir alle, dass er es wirklich getan hat«, sprach Tomas traurig. »Er hat sich von den Gesetzeslehrern dafür Geld geben lassen. Nicht viel. Aber für Geld hat er Jesus verraten.«

»Als wir alle wussten, dass Jesus nun sterben musste, haben wir versucht, ihn zu trösten«, berichtete Andreas weiter. »Wir haben versprochen, ihn nie zu verlassen und immer zu ihm zu halten.«

»Was geschah dann?«, fragte Jonatan, als die Jünger wieder bedrückt verstummt waren. Ihre Antworten überstürzten sich: »Wir saßen lange zusammen. Wir hatten ja so viele Fragen und sorgten uns so sehr.« – »Jesus tröstete uns immer wieder und machte uns Mut.« – »Immer wieder erzählte er von Gott, seinem Vater, und von Gottes Botschaft.« – »Er hat zu uns gesagt: ›Ihr sollt euch so untereinander lieben, wie ich euch geliebt habe. Wenn ihr euch so liebt, dann wird jeder erkennen, dass ihr meine Jünger seid. Das ist das Gebot, das ich euch gebe. Das ist das Gebot der Liebe.‹«

»Das werde ich nie vergessen«, sagte Tomas leise.

»Keiner wird das vergessen«, stimmte Andreas zu, und seine Stimme wurde fester und lauter.

»Muss er denn wirklich sterben?«, fragte Micha und klammerte sich fest an seine Mutter. Sie nickte nur.

Andreas erzählte nun, wie Jesus mit seinen Jüngern zum Ölberg gezogen war, um im Garten Getsemani zu Gott zu beten. »Wir sollten

auf ihn warten und wach bleiben, während er mit seinem Vater sprach«, sagte Andreas. »Aber es war inzwischen spät geworden. Wir waren so müde, dass wir nach und nach alle einschliefen.«

»Jesus hat uns noch geweckt«, erinnerte sich Tomas. »Doch dann waren bereits die Soldaten da. Judas hatte sie hergeführt. Und Judas ist auf Jesus zugegangen und hat ihn geküsst.«

»Und dann?«, fragte Rebekka atemlos.

»›Mit einem Kuss willst du mich verraten?‹, sagte Jesus zu ihm.« Tomas hatte große Mühe, zu Ende zu berichten. »Das war bestimmt das Zeichen, das Judas mit den Soldaten vorher ausgemacht hatte. Wem er zur Begrüßung einen Kuss gab, der war es, den sie suchten. Die Männer ergriffen Jesus und nahmen ihn fest. Wie einen Räuber, einen Verbrecher packten sie ihn.«

»Und Jesus?«, fragte Marta.

»Er wehrte sich nicht. Er ließ sich fesseln und leistete ihnen keinen Widerstand. So haben sie ihn abgeführt.«

»Und ihr?«, fragte Jonatan.

»Wir sind davongelaufen, weil wir Angst hatten, dass sie uns auch noch festnehmen«, sagte Andreas leise. »Ich schäme mich so.«

Die Jünger senkten den Blick. Und Micha tat es weh, als er die Männer da sitzen und weinen sah. Und keiner konnte sie trösten.

Als der Morgen bereits graute, kamen noch Petrus und Johannes.

»Habt ihr den Meister gesehen?«, bestürmten die anderen die Neuankömmlinge.

»Ich bin ihm gefolgt, so weit ich konnte«, antwortete Petrus traurig. »Aber ich war so feige. So erbärmlich feige.« Er verbarg sein Gesicht in beiden Händen. »Als mich jemand fragte, ob ich Jesus kenne, habe ich vor Angst alles abgestritten.« Verzweifelt warf er sich einem anderen Jünger in die Arme.

»Und du, Johannes?«, fragte Tomas.

Blass und übernächtigt stand Johannes da. Das Haar klebte an seinem Kopf, sein Umhang war zerrissen. Alle Fröhlichkeit war aus seinem Gesicht gewichen und hatte einem tiefen Schmerz Platz gemacht. »Ich bin hinter ihm hergelaufen, so weit ich konnte«, sagte er. »Als sie ihn zum Haus des obersten Priesters brachten und dort hineinzerrten, kam ich nicht mehr weiter. Sie ließen mich nicht mit hinein.«

Er reichte Tomas beide Hände. Todtraurig sah er ihn an und sagte leise: »Jetzt wollen sie ihn anklagen und ihm den Prozess machen. Sie suchen nach Beweisen, um ihn zu verurteilen. Er ist ihnen jetzt ganz allein ausgeliefert. Und ich habe ihn so lieb.« Marta nahm Johannes in die Arme, drückte ihn und hielt ihn fest. Da konnte Johannes die Tränen nicht mehr zurückhalten. Die anderen standen um Marta und Johannes herum. Keiner konnte ihm helfen. Schließlich ließ Marta Johannes los. Er schluckte noch, schniefte und putzte sich die Nase.

»Ich muss wieder gehen«, sagte er endlich. Als die anderen auf ihn einstürmten und ihn bedrängten zu bleiben, schüttelte er den Kopf. »Seine Mutter ist nach Jerusalem gekommen«, sagte er. »Ich muss zu ihr und ihr sagen, was mit Jesus heute Nacht geschehen ist. Wer will es ihr sonst sagen?«

Jonatan brachte Johannes zur Tür. »Im Augenblick könnt ihr gar nichts tun«, sagte er, als er zurückkam. »Versucht wenigstens noch ein paar Stunden zu ruhen.«

Da legten sich einige in ihren Kleidern auf den Boden und waren dankbar für die Kissen und Decken, die ihnen Rut und Marta noch brachten. Auch die Kinder gingen zu ihrem Schlafraum zurück. Sie waren plötzlich furchtbar müde.

Ein neuer Tag

Als Micha am nächsten Morgen erwachte, war es bereits heller Tag. Er rieb sich die Augen und setzte sich auf. Rebekka und Ariel waren längst aufgestanden, auch Mirjam und Ester. Nur Daniel neben ihm schlief noch tief und fest. Nach und nach erinnerte sich Micha an gestern und an die Nacht. Mit einem Mal war er hellwach, als ihm wieder einfiel, was mit Jesus passiert war. Jetzt erinnerte er sich auch wieder an die vielen Menschen, die bei ihnen gewesen waren. An ihre Sorgen und an ihre Angst. Und an Johannes musste er denken, der wieder in die Nacht davongelaufen war. Nichts hatte ihn mehr an den fröhlichen Johannes von gestern Vormittag erinnert. Micha schloss die Augen noch einmal. Jetzt müsste er wieder aufwachen und alles wäre nur ein böser Traum gewesen. Doch als er erneut die Augen öffnete, hatte sich nichts verändert. Es war kein Traum gewesen. Diese schlimme Nacht hatte er wirklich erlebt.

Neben ihm richtete sich Daniel auf. Er saß ganz still. Ganz plötzlich legte er beide Hände vor seine Augen und fing an zu weinen. Da kamen Rut und Marta zu ihnen herein. Marta drückte Daniel fest an sich und schau-

kelte ihn leicht hin und her. Auch Micha drückte sich an seine Mutter.

»Sie müssen Jesus wieder freilassen«, sagte Rut und versuchte, ganz viel Zuversicht und Hoffnung in ihre Stimme zu legen. »Er hat doch nichts Schlechtes getan.«

»Nur das gesagt und getan, was Gott von ihm wollte«, fügte Marta hinzu. »Jesus hat Kranke geheilt, Hungernden zu essen gegeben und den Menschen von Gottes großer Liebe erzählt.«

»Nein, sie können ihn nicht verurteilen und umbringen«, sagte Micha bestimmt.

»Sprich nicht so etwas Furchtbares aus«, wies ihn seine Mutter zurecht.

»Er hat aber selbst gesagt, dass er sterben muss«, antwortete Micha leise.

Als sie dann aufstanden und Rut ihnen Brot, Honig und Milch auftischte, stellten sie fest, dass die anderen alle nicht mehr da waren. Nur Mirjam und ihre Mutter Magdalena waren noch da.

»Sie haben alle Verwandte und Freunde in der Stadt«, erklärte Rut. »Bei ihnen werden sie in den nächsten Tagen unterkommen. Sie sind schon früh fortgegangen.«

»Und Mutter hat Mirjam und ihre Mutter eingeladen, bei uns zu bleiben«, rief Ester. Jeder sah ihr an, wie sehr sie sich darüber freute.

»Wenn Daniel fertig ist, werden wir auch aufbrechen«, meinte Tomas, der zusammen mit Jonatan am Tisch saß. Sie hatten die ganze Zeit leise miteinander gesprochen und gerade erst bemerkt, dass die beiden Jungen hereingekommen waren.

»Nein«, riefen Micha und Daniel zugleich.

»Das geht nicht«, sagte Micha. Und Daniel stimmte ein: »Ich will hier bleiben.«

»Eure Großeltern werden gekränkt sein, wenn ihre Enkelkinder nicht bei ihnen wohnen wollen.« Marta war richtig ärgerlich.

»Sie rechnen fest damit, dass wir jetzt alle bei ihnen wohnen«, bestätigte Tomas.

»Deine Eltern haben Recht«, sagte Jonatan zu Daniel.

»Ihr könnt einander doch jeden Tag besuchen«, meinte Rut.

»Die Großeltern haben ja noch mehr Enkelkinder«, rief Micha plötzlich und musste über seinen eigenen Einfall lachen. »Vielleicht freuen sie sich noch mehr, wenn jetzt einmal drei Enkelkinder bei ihnen schlafen.«

»Wir brauchen auch nur ganz wenig Platz«, fügte Daniel hinzu. »Wir drücken uns ganz eng aneinander. Wie Löffelchen.«

Rut lachte. »Geh mit und frage, ob du auch noch bei ihnen schlafen kannst«, sagte sie zu Micha und strich ihm übers Haar. »Wir sind heute alle noch einmal bei ihnen zum Essen eingeladen. Dann werden wir die Großeltern fragen.« Sie drehte sich zu Mirjam und ihrer Mutter um: »Kommt doch einfach auch mit.«

Ob Großvater noch böse auf Onkel Tomas war? Micha erinnerte sich nicht gern an den Streit. Ob Onkel David sich wieder mit seinem Vater anlegen würde? Es war gut, dass Mirjam und ihre Mutter mitkamen. Wenn Fremde mit am Tisch saßen, würden sie sich bestimmt nicht streiten.

Vor dem obersten Priester

Mara hatte wieder alles aufgetischt, was die Vorratskammer hergab: Lamm, das über einem Holzfeuer am Spieß geröstet worden war, frisch gebackenes Brot und ein Gemüse aus Lauch und Zwiebeln. Keiner traute sich so recht, mit dem Thema anzufangen, das doch alle beschäftigte. Natürlich hatte es sich in ganz Jerusalem schnell herumgesprochen, dass die Soldaten Jesus letzte Nacht gefangen genommen hatten. Nach dem Essen ergriff Joschija schließlich das Wort.

»Was geschieht nun mit eurem Jesus? Sollte er wirklich der Messias, der Erlöser sein, auf den wir alle seit vielen hundert Jahren warten?« Er sah Tomas ernst an. »Jedenfalls hat er nicht um sich geschlagen. Er hat nicht

zum Kampf gegen die Obrigkeit aufgefordert. Das haben viele befürchtet. Dann wäre es vielleicht zum Bruderkampf zwischen uns gekommen.«

»Davor hatten wir solche Angst«, warf Mara ein.

»Niemals hätte Jesus die Hand gegen einen Menschen erhoben«, antwortete Tomas mit zitternder Stimme. Er wandte sich ab, um seine Tränen zu verbergen.

David räusperte sich. »Ich kenne einen, der

ist Soldat. Er trägt jetzt sogar einen römischen Namen«, sagte er. »Marcus heißt er. Er war einer von denen, die gestern diesen Jesus gefangen genommen haben. Jesus hat sich wirklich nicht gewehrt, sondern alles mit sich geschehen lassen.«

»Was haben sie Jesus angetan?«, riefen Marta und Magdalena voller Angst.

»Es ist natürlich ein schweres Verbrechen, Gott zu lästern«, antwortete David langsam. »Seine Feinde forderten deshalb seinen Tod. Im Haus des obersten Priesters haben sie ihn verhört. Sie brauchten Beweise. Beweise, dass sie ihn zum Tod verurteilen konnten.«

»Erzähl, was sie ihn gefragt haben«, forderte ihn Joschija auf. David hatte es ihm bereits erzählt. Da berichtete David den anderen, was er von Marcus erfahren hatte:

»Einer fragte Jesus: ›Bist du Gottes Sohn?‹ Und Jesus antwortete: ›Ja.‹

›Bist du wirklich Gottes Sohn?‹, fragten ihn darauf alle.

›Ja‹, antwortete Jesus. ›Und bald werde ich bei Gott sein.‹

Da schrien seine Feinde: ›Das ist Gotteslästerung. Er hat den Tod verdient‹, riefen sie und spuckten ihm ins Gesicht.«

»Sie spuckten Jesus ins Gesicht?« Daniel konnte es einfach nicht glauben.

»Sie lachten ihn aus und schlugen auf ihn ein«, fuhr David fort. »Auch der oberste Priester befragte Jesus. Er wollte wissen, wer seine Jünger und Anhänger waren und welche Botschaft er verkündete. Jesus antwortete: ›Jeder konnte mir zuhören. Ich habe von Gottes Liebe zu den Menschen in den Tempeln und auf den Straßen gesprochen, dort, wo sich die Menschen treffen. Niemals habe ich etwas gesagt, was andere nicht hören sollten.‹«

»Das ist die Wahrheit«, warf Marta ein. »Nichts anderes hat er getan.«

»Dann hat er den obersten Priester angesehen«, berichtete David weiter, »hat ihn angesehen und gesagt: ›Warum fragst du mich? Frag doch die Leute, die mir zugehört haben. Sie wissen es genau.‹«

»Das war die Wahrheit«, rief Tomas. »Wir waren doch dabei.«

»Aber es war nicht das, was man von Jesus hören wollte«, sagte David. »›Wie kannst du es dir anmaßen, so mit dem obersten Priester zu sprechen‹, schrie deshalb ein Wächter und schlug Jesus ins Gesicht.«

»Und Jesus? Was hat Jesus daraufhin getan?«, rief nun Marta. »Hat Marcus erzählt, was Jesus getan hat?«

David nickte. »Ganz ruhig hat Jesus geantwortet: ›Wenn es nicht die Wahrheit ist, dann musst du es mir beweisen. Wenn ich aber Recht habe, dann darfst du mich nicht schlagen.‹«

»Und Marcus? Was hat Marcus noch gesagt?«, bedrängten sie David nun.

»Dass ihm der Mann Leid getan hat.«

Verzweifelt saßen sie um den Tisch herum.

»Die Priester haben ihn nach jüdischem Recht zum Tod verurteilt«, sagte Joschija. »Aber die Römer sind die Herren in unserm Land. Sie müssen dem Urteil zustimmen. Deshalb werden sie diesen Jesus morgen zum römischen Gouverneur, zu Pilatus, bringen.«

»Sobald ich etwas Neues erfahre, werde ich es euch sagen«, versprach David.

Später tuschelte Micha mit seiner Großmutter. Sie hörte ihm aufmerksam zu und lächelte dann. »Rut«, rief sie. »Euer Sohn schläft in den kommenden Nächten bei uns. Ich hoffe, es ist euch recht.«

»Ist gut«, antwortete Rut. »Wir haben ja immer noch Rebekka und Ariel. Und jetzt auch noch Mirjam.«

»Ich freue mich«, rief Micha.

»Und ich erst«, jubelte Daniel.

Der König der Juden

Seit Jesus in Gefangenschaft war, trafen sich seine Jünger heimlich und berieten miteinander, was sie nun tun wollten.

Auch Tomas hatte am Nachmittag das Haus verlassen und sich mit anderen Jüngern getroffen. Als er zurückkehrte, stürzten sich Marta und die Kinder gleich auf ihn.

»Sie haben ihn heute Morgen zum römischen Gouverneur gebracht«, berichtete Tomas traurig. »Aber Pilatus hat ihm auch nicht helfen wollen, obwohl er Jesus nicht für schuldig hält.« Stück für Stück erfuhren sie nun die ganze schlimme Wahrheit:

»Die führenden Priester und Ratältesten haben den gefesselten Jesus zu Pilatus gebracht und gefordert, dass er ihn zum Tod

verurteilte. ›Er hat Gott gelästert‹, warfen sie ihm vor. ›Und er behauptet, dass er unser König ist.‹ Pilatus blickte den gefesselten jungen Mann an und fragte ihn: ›Bist du der König der Juden?‹ Und Jesus antwortete: ›Ja.‹ Als ihn die Priester wieder beschuldigten, Gott zu lästern, fragte Pilatus ihn: ›Hörst du, was sie dir vorwerfen?‹ Doch Jesus schwieg und gab keine Antwort. Da wunderte sich der Gouverneur über diesen Menschen. ›Er hat nichts getan, dass er die Todesstrafe verdient‹, entschied er schließlich. ›Die Soldaten sollen ihn auspeitschen. Danach lasse ich ihn frei.‹«

»Er kommt frei«, rief Daniel.

Seine Freude erlosch wie ein Strohfeuer, als sein Vater weiterberichtete.

»Die Feinde Jesu sind mit dieser Entscheidung nicht einverstanden«, sagte er. »Vor den Feiertagen lässt der Gouverneur manchmal einen Gefangenen frei. Morgen soll Jesus den Leuten in Jerusalem öffentlich vorgeführt werden. Zusammen mit Barrabas, einem berüchtigten Verbrecher. Dann soll das Volk entscheiden, wer freigelassen werden soll, Jesus oder Barrabas.«

»Natürlich Jesus«, rief Daniel.

»Hoffentlich Jesus«, sagte Micha.

»Wir gehen alle hin und schreien so laut, dass der Gouverneur gar nicht anders kann, als Jesus freizulassen«, meinte Daniel.

»Der Gouverneur versucht nur, um eine eigene Entscheidung herumzukommen«, erklärte David, der soeben heimgekommen war. »Freut euch nicht zu früh.«

Voller Hoffnung und Vertrauen auf Gerechtigkeit waren sie also zu dieser Versammlung aufgebrochen.

Enttäuscht und verzweifelt kamen sie wieder zurück. Sie hatten ganz hinten gestanden und waren nicht gehört worden. Die Gegner Jesu waren in der Überzahl und hatten sie überschrien.

»Ich bin nicht schuld am Tod dieses Menschen«, hatte Pilatus ihnen zugerufen. »Ihr habt seinen Tod zu verantworten.«

»Ans Kreuz mit ihm«, hatten die Gegner Jesu geschrien und auf Jesus gezeigt.

Die Priester und Gesetzeslehrer waren fleißig gewesen und hatten überall Stimmung gegen Jesus gemacht.

Nun stand es also fest. Jesus sollte ausgepeitscht werden. Danach sollte er am Kreuz sterben.

David war noch etwas länger dort geblieben. Er berichtete, dass die Soldaten Jesus ausgepeitscht hatten, so wie es der römische Gouverneur angeordnet hatte.

»War dieser Marcus dabei?«, fragte Micha

und war irgendwie froh, als sein Onkel den Kopf schüttelte. »Er hatte einen Auftrag auszuführen. Als er dazukam, war alles vorbei und Jesus lag halb ohnmächtig auf der Erde.«

Seltsam, dachte Micha, je mehr Onkel David von diesem Geschehen erfuhr, umso mehr schien er sich auf die Seite seiner Verwandten zu schlagen, die ja Jesu Jünger waren.

»So brauchten sie nicht mit ihm umzugehen«, sagte er jetzt. »So können Menschen nicht mit Menschen umgehen. Nein, das hat er nicht verdient.« Er berichtete, dass sie Jesus verspotten wollten, weil er sich selbst als König bezeichnet hatte. Sie setzten ihm eine Krone aus Dornen auf den Kopf, fielen vor ihm nieder und verhöhnten ihn. Sie taten so, als würden sie ihm alle Ehre erweisen, die sonst Königen erwiesen wird. »›Hosianna‹, riefen sie ihm zu. ›Hosianna, König der Juden.‹ Dann rissen sie ihm die Kleider vom Leib. So haben sie es auf jeden Fall Marcus erzählt.«

Plötzlich schlug Ester wild um sich und hielt sich schreiend mit beiden Händen die

Ohren zu. »Ich kann das nicht mehr hören«, schrie sie immer wieder. »Ich will das nicht mehr hören.«

Marta und Tomas nahmen das weinende Mädchen in den Arm und gingen schließlich mit ihr aus dem Zimmer. Zögernd folgte ihnen Daniel.

Micha blieb allein mit seinem Onkel und den Großeltern im Zimmer zurück.

Joschija hatte das Gespräch mit wachen Augen verfolgt und dabei immer trauriger ausgesehen. Mehrmals hatte er angesetzt, um etwas zu sagen, aber dann doch geschwiegen.

»Wie denkst du darüber?«, fragte er nun David.

»Ich weiß nicht.« David starrte vor sich hin. »Mir tut dieser Mann Leid. Und was sie mit ihm machen, ist nicht recht.« Er zögerte. »Und doch«, sagte er schließlich.

»Sag, was du denkst«, forderte ihn Mara auf.

»Wenn er der Messias ist«, sagte David, »wenn er so vielen geholfen hat, wenn er

Kranke geheilt und Tote wieder lebendig gemacht hat, wenn er sogar stärker ist als Sturm und Wellen, warum nur hilft er sich jetzt nicht selbst?«

Sie schwiegen lange.

Dann sprach David wieder. »Wenn er wirklich Gottes Sohn ist, dann kann er diesem furchtbaren Geschehen ein Ende machen. ›Hört auf damit im Namen Gottes‹, brauchte er nur zu sagen, und keiner könnte ihm noch etwas zuleide tun.«

»Wenn er wirklich Gottes Sohn ist«, wiederholte Joschija leise.

Micha räusperte sich. »Tomas sagt, er ist Gottes Sohn. Seine Jünger sagen es alle. Tante Marta, Ester und Daniel sagen es auch.«

»Und warum hilft er sich jetzt nicht selbst?«, fragte Joschija.

»Er weiß, dass er sterben muss«, antwortete Micha.

»Und warum muss er sterben?«, fragte David. »Weißt du das auch?«

»Weil Gott es so will. Jesus wird sterben und wieder vom Tod auferstehen.«

»Unmöglich«, rief Joschija.

»Und wir alle dürfen mit ihm leben«, fuhr Micha unbeirrt fort. »Jedenfalls sagen das die Jünger. Weil Jesus es ihnen immer wieder selbst gesagt hat. So hat es Daniel mir erklärt. Und Daniel belügt mich bestimmt nicht.«

»Morgen wollen sie ihn ans Kreuz schlagen«, sagte David nach einer Weile. »Bevor das Passahfest beginnt, soll er sterben.«

Micha wusste, dass die Römer diese Todesstrafe oft einsetzten. Es kamen immer viele Menschen, um zuzusehen, wenn ein Verbrecher gekreuzigt wurde. Einmal hatte ihn sein Vater mitgenommen.

»Wo wollen sie ihn kreuzigen?«, fragte Joschija.

»Draußen vor der Stadt«, antwortete David kurz. »Ich werde hingehen.«

»Nimmst du mich mit?«

David sah seinen Neffen nachdenklich an und schüttelte schließlich den Kopf. »Besser, du gehst nach Hause und fragst deinen Vater. Sollte er hingehen, nimmt er dich vielleicht mit.«

Micha sprang auf. »Sagt Daniel, dass ich heute zu Hause schlafe«, rief er noch und stürmte davon.

Der letzte Weg

Zum Passahfest waren in diesem Jahr wieder viele Menschen nach Jerusalem gekommen. Sie feierten es jedes Jahr, um an ihren Auszug aus der Gefangenschaft in Ägypten zu erinnern und Gott immer wieder neu dafür zu danken. Für manche von ihnen war es eine gute Gelegenheit, Eltern und Verwandte zu besuchen. Und so waren zu dieser Zeit viel mehr Menschen in der Hauptstadt als sonst.

Bevor das große Fest begann, sollten drei Menschen gekreuzigt werden, die zum Tod verurteilt worden waren. Zwei Verbrecher hatte man bereits zur Richtstätte hinausgebracht. Jesus trieben sie nun in seinen zerschlissenen Kleidern durch die Gassen der Stadt zur Richtstätte hin. Unendlich mühsam schleppte er sich vorwärts. Er musste das Kreuz, an dem er sterben sollte, selbst tragen.

Die Gassen waren von Menschen gesäumt. Da gab es Leute, die Jesus anpöbelten und ihn beschimpften. Andere machten sich über ihn lustig. Aber es gab auch Menschen, die dort standen und weinten. Sie waren gekommen, um Abschied von Jesus zu nehmen. Sie standen schüchtern im Hintergrund und hofften nur, dass niemand auf sie aufmerksam wurde. Männer, Frauen und Kinder blickten mit verweinten Augen auf den Menschen, der von den Soldaten weitergetrieben wurde und kaum noch gehen konnte. Das schwere Holzkreuz auf seinem Rücken drückte ihn fast zu Boden.

Micha stand zwischen seinen Eltern. Mirjam und ihre Mutter waren auch da. Schweigend und voller Trauer blickten sie auf Jesus, der mit seinem Kreuz langsam auf sie zukam.

»Onkel David ist auch gekommen«, flüsterte Micha und nickte Daniel kaum merklich zu, der mit seiner Familie und David auf der gegenüberliegenden Seite stand.

Als Jesus fast auf ihrer Höhe war, stolperte er und brach zusammen. Mühsam gelang es ihm noch, sich mit einer Hand etwas abzustützen. Laut polternd knallten die Balken des Kreuzes auf den Boden.

Jesus versuchte sich wieder aufzurichten. Es gelang ihm nicht. Hilflos und wehrlos lag er mitten in der Menschenmenge auf der Erde.

Jetzt hatten anscheinend auch die Soldaten begriffen, dass es nicht mehr weiterging, dass Jesus am Ende war. Sie richteten das Kreuz auf und sahen sich suchend um. Wenn Jesus das Kreuz nicht mehr tragen konnte, dann musste es ein anderer für ihn schleppen. Einer, der stark und kräftig war und es bis zur Hinrichtungsstätte schaffte. Zufällig stand ein kräftiger Mann in der Nähe. Sie liefen auf ihn zu und redeten dann auf ihn ein. Micha sah voller Schrecken, dass sie einen Mann ausgesucht hatten, der neben seinem Onkel David stand. Kurzerhand schleppten die Soldaten den Mann zu dem Ort, an dem Jesus zusammengebrochen war, und befahlen ihm, das Kreuz auf die Schulter zu nehmen. Ein paar Soldaten wandten sich nun wieder Jesus zu und zerrten ihn hoch. Aber sie mussten ihn von beiden Seiten stützen. Allein schaffte er es nicht mehr.

So schleppte sich der Zug mühselig und langsam zur Hinrichtungsstätte. Voran gingen die Soldaten mit Jesus zwischen ihnen. Es folgte der Mann mit dem Kreuz auf dem Rücken. Gleich hinter ihm ging David. Es sah so aus, als wäre er bereit, gleich zuzupacken, wenn der Mann das Kreuz absetzen müsste. Und hinter ihnen kamen mit langsamen und bedächtigen Schritten die Menschen, die Jesus auf seinem letzten Weg begleiteten.

Daniel, Ester und Micha hielten sich an den Händen. Als sie ankamen, war der Platz voller Menschen, sodass sie sich nur ganz hinten hinstellen konnten. Die Kreuze für die beiden anderen Verurteilten waren bereits in die Erde gerammt. Jetzt kam das dritte Kreuz auch noch hinzu.

Aber zuerst wurde es auf die Erde gelegt und Jesus darauf. Nun wollten sie ihn mit

Händen und Füßen an das Kreuz nageln. Die Menschen wichen zurück. Nur eine Frau am Arm eines Mannes bahnte sich einen Weg nach vorn.

»Das ist Maria«, sagte Marta leise. »Die Mutter Jesu.«

»Johannes stützt sie.« Ruts Stimme zitterte.

Erbarmungslose Hammerschläge. Laute, entsetzte Schreie. Es war bis zu ihnen zu hören. Micha schossen die Tränen in die Augen. Daniel griff nach seiner Hand. »Komm, wir gehen«, sagte er zu ihm.

Micha sah sich suchend nach seinem Vater um. Es war ein solches Gedränge um sie herum, dass er ihn verloren hatte.

Wenn sie sich jetzt umdrehten, würden sie hoch aufgerichtet das Kreuz sehen. Und den an das Kreuz genagelten Jesus. Doch sie blickten nicht zurück. Weinend gingen sie wieder in die Stadt. Sie konnten kaum den Weg vor sich erkennen.

Da war plötzlich David an ihrer Seite. »Kommt«, sagte er. »Gehen wir zusammen.« Da sahen sie, dass auch er weinte.

Gestorben und begraben

Gemeinsam gingen sie zu den Großeltern. Michas Vater war bereits da und auch Ariel und Rebekka warteten schon auf sie. David berichtete, was sie erlebt hatten. Schweigend hörten die Großeltern zu.

Als der kleine Ariel Micha fragte, ob er mit Rebekka und ihm spielen wollte, lehnte Micha ab. Auch Ester und Daniel schüttelten die Köpfe.

»Lasst sie in Ruhe«, sagte Mara und nahm die Kleinen mit, um Blumen für die bevorstehenden Feiertage zu pflücken. »Wir brauchen einen dicken Strauß«, sagte sie. »Und einen zweiten Blumenstrauß braucht ihr für zu Hause.«

David suchte sich Arbeit im Haus. So blieben die drei sich selbst überlassen. Lange Zeit hockten sie schweigend zusammen. Jeder hing seinen Gedanken nach. Es war zu viel an diesem Nachmittag über sie hereingebrochen. Sie waren noch nicht einmal in der Lage, mit den anderen darüber zu sprechen.

Als Daniel wieder zu weinen begann, weinten die beiden anderen mit. Es gab keinen Trost, keine Hoffnung und keine Zuversicht.

»Hat Gott das wirklich so gewollt?«, fragte Ester einmal. Keiner der beiden Jungen antwortete.

Später kamen Marta und Tomas und berichteten, wie alles zu Ende gegangen war. Marta erzählte, dass Jesus am Kreuz trotz allem noch zu Gott gebetet hatte. »›Vater‹, hat Jesus gesagt, ›verzeih ihnen. Sie wissen nicht, was sie tun.‹ Und kurz vor seinem Tod sagte er noch: ›Vater, nimm mich zu dir.‹«

Viele Menschen hörten seine letzten Worte. Dann gingen die meisten davon. Daniels Eltern waren mit wenigen Freunden noch geblieben. Sie hatten den toten Körper Jesu vom Kreuz abgenommen. Und als sie ihn wuschen, salbten und in Tücher wickelten, weinten sie um ihn. Maria, die Mutter Jesu, war da und Johannes, der sich liebevoll um sie kümmerte. Jesus hatte zu ihm gesagt, dass er nun wie ein Sohn zu ihr sein sollte. Johannes kämpfte immerzu mit den Tränen und sagte: ›Ich muss jetzt stark sein, denn sie braucht mich.‹« Später war ein reicher Mann zu ihnen gekommen.

»Es war Josef aus Arimatäa«, sagte Tomas. »Er ist auch ein Anhänger Jesu.«

»Und ein einflussreicher Mann«, fügte Jonatan hinzu.

»Heute Nachmittag war er beim Gouverneur. Er hat Pilatus gebeten, den Leichnam Jesu freizugeben. Und Pilatus hat befohlen, dass er ihm ausgeliefert wird«, berichtete Marta.

»Dieser Josef hat ein eigenes Grab«, erklärte Tomas den Kindern. »Es ist ein Felsengrab. Also ein Grab, das in einen Felsen gehauen ist. Noch kein Mensch hat vorher in diesem Grab gelegen.« Es fiel Tomas schwer weiterzusprechen, aber als er sah, wie alle an seinen Lippen hingen, fuhr er fort: »Josef wollte gern, dass Jesus dort begraben wird. Also haben wir Jesus zu Josefs Grab getragen. Und Josef hat ihn in ein sauberes Leinentuch gewickelt und in sein eigenes Grab gelegt. Dann hat er einen schweren Stein vor das Grab gerollt. Ein paar Frauen sind am Grab geblieben.« Tomas verstummte und senkte den Blick. Keiner sprach mehr ein Wort.

Die Tage danach

Nachdem sie alle den Freitagabend in dumpfer Trauer verbracht hatten, waren Marta und Magdalena am Samstagnachmittag aus dem Haus gegangen. Sie wollten sich mit anderen Frauen treffen, die auch zu den Jüngern Jesu gehörten.

Als sie zurückkamen, waren sie ganz aufgeregt, denn die Gegner Jesu gaben selbst jetzt, nach seinem Tod, keine Ruhe. Die Frauen hatten gehört, dass die Priester und Gesetzeslehrer noch einmal zum Gouverneur gegangen waren. Irgendein Bediensteter hatte genau gehört, was sie zu ihm gesagt hatten: »Uns ist eingefallen, dass dieser Schwindler immer wieder vor seinem Tod gesagt hat: ›Ich werde am dritten Tage auferstehen.‹ Lass bitte das Grab bis zum dritten Tag von Soldaten streng bewachen. Sonst könnten seine Anhänger den Toten stehlen und später behaupten, Jesus sei vom Tod auferstanden. Das wäre ein schlimmer Betrug.« Und Pilatus gab ihnen tatsächlich eine Wache mit und sagte: »Sichert das Grab selbst und stellt Wachen davor.« Dann waren sie zum Grab gegangen, hatten es versiegelt und Wachen davor postiert.

Aber die Frauen hatten nicht nur Neuigkeiten ausgetauscht. Drei von ihnen hatten sich vorgenommen, am dritten Tag nach seinem Tod in aller Frühe zum Grab zu gehen. Sie wollten nachsehen, ob der Stein noch an Ort und Stelle wäre.

»Wirst du mitgehen?«, fragte Tomas seine Frau. Sie schüttelte stumm den Kopf.

Mirjam und ihre Mutter wohnten inzwischen bei einer guten Freundin von Magdalena. Jetzt waren Micha und seine Familie wieder allein und Micha hatte Zeit zum Nachdenken. Bis zu dem Tag, an dem Tante Marta mit

Ester und Daniel zu ihnen gekommen war, hatten sie kaum etwas von Jesus gewusst. Nur vom Hörensagen kannte seine Mutter den Namen. Und sein Vater? Nein, der hielt überhaupt nichts von falschen Propheten und Weltverbesserern, wie er sie nannte. Als dann Tante Marta zu ihnen gekommen war, waren sie plötzlich alle so mittendrin, dass sie, ohne lange nachzudenken, schon fast zu den Jüngern Jesu gehört hatten. Sogar einen Raum für das Festmahl hatte der Vater besorgt. Die Jünger Jesu hatten ihnen vertraut, und sie hatten sich bemüht, die Jünger nicht zu enttäuschen. Vater hatte es sogar auf einen Streit mit Onkel David ankommen lassen.

Kaum hatten sie etwas mehr über diesen Jesus erfahren, da gab es ihn bereits nicht mehr. Jetzt, nach seinem Tod, rückten seine Jünger noch enger zusammen. Aber wenn seine Eltern miteinander sprachen, spürte Micha, dass sie sich nicht sicher waren, ob sie nun auch zu den Jüngern gehörten oder nicht:

»Ist Jesus nun der Messias oder nicht?«, fragte sein Vater.

»Ja, er ist der Messias«, antwortete seine Mutter.

Der Vater schwieg und dachte lange nach.

»Wenn er wirklich der Messias ist, warum ist er nun tot?«, fragte er dann.

Und nach einer Weile: »Aber er ist der Messias. Es kann gar nicht anders sein.«

Als Micha am nächsten Tag wieder zu den Großeltern ging, um Daniel zu treffen, erfuhr er, dass Judas nicht mehr am Leben war.

»Judas?«, wiederholte Micha, als seine Tante Marta den Namen nannte. »War das nicht der, der Jesus am liebsten gezwungen hätte, sich allen als König zu zeigen, und ihn dann verraten hat?« Micha erinnerte sich wieder an den Jünger, von dem sein Vater erzählt hatte.

»Er hat sich selbst gerichtet«, sagte Tomas. Und als Micha nicht wusste, was das bedeutete, erklärte es ihm Daniel. »Er hat sich umgebracht.« Auch Daniel hatte erst heute erfahren, was das bedeutete.

Sie schraken zusammen, als es laut an die

Tür pochte. Es war Magdalena. Ihr fröhliches Gesicht und ihre laute Freude wollten gar nicht zu der Traurigkeit passen, die sie alle fühlten.

»Magdalena?«, fragte Marta.

Da weinte Magdalena laut und fiel Marta um den Hals. Als sie dann auch Tomas umarmte, spürte jeder, dass sie nicht aus Traurigkeit weinte. Nein, sie weinte vor Freude.

»Jesus lebt«, rief sie und packte Micha und drückte ihn an sich. »Freut euch, Freunde.

Freut euch.« Erst nach und nach beruhigte sie sich so weit, dass sie erzählen konnte, was sie heute Morgen erlebt hatte.

Wie verabredet war sie mit den anderen Frauen zum Grab gegangen. Als sie näher kamen, sahen sie mit Staunen, dass der schwere Stein nicht mehr den Eingang des Felsengrabes verschloss. Er war weggerollt. Sie näherten sich vorsichtig und stellten erleichtert fest, dass auch keine Wachsoldaten mehr vor dem Grab standen. So beschlossen sie, in das Grab hineinzugehen. Wie groß war aber ihr Schrecken, als sie Jesus im Grab vergebens suchten. Das Grab war leer.
   Plötzlich erblickten sie einen jungen Mann, den sie vorher noch nie gesehen hatten. Obwohl er ihnen fremd war, fassten sie gleich Vertrauen zu ihm. Ein Vertrauen, das sie sich selbst nicht erklären konnten. Er schaute sie freundlich an und sagte zu ihnen: »Ihr sucht Jesus, der am Kreuz gestorben ist? Er ist nicht hier. Gott hat ihn vom Tod auferweckt.«
   »Ihr könnt euch gar nicht vorstellen, wie

aufgeregt wir waren«, sagte Magdalena und ihre Stimme zitterte, als sie weitersprach. »Ich spürte mein Herz bis zum Hals schlagen. Solche Angst hatte ich. Als der Fremde sagte: ›Habt keine Angst. Jesus lebt. Ihr werdet ihn bald sehen‹, sind wir davongelaufen. So erschrocken waren wir.« Sie schaute einen nach dem anderen an. »Erschrocken und gleichzeitig so froh, so glücklich.« Magdalena wandte sich direkt an Onkel Tomas. »Da stand plötzlich Jesus vor uns. Er winkte uns zu und grüßte uns. Wir blieben wie erstarrt stehen. Und plötzlich war die Angst nicht mehr da. Wir sahen ihn an und begriffen, dass wirklich Jesus vor uns stand. Unser Meister, der am Kreuz gestorben war und im Grab gelegen hatte. ›Habt keine Angst mehr‹, hat Jesus zu uns gesagt. Dann hat er uns losgeschickt. Wir sollen allen seinen Freunden sagen, dass sie ihn bald sehen werden.«

Sie strahlte alle an. »Deshalb bin ich zu euch gekommen. Das wollte ich euch sagen: Jesus lebt.« Magdalena war bereits wieder auf dem Weg zur Tür. »Ich muss schnell weiter und den anderen Bescheid sagen«, rief sie noch. Dann schlug die Tür hinter ihr zu.

Sie schwiegen alle, als sie gegangen war. Schließlich brach Tomas das Schweigen. »Das glaube ich nicht«, sagte er.

»Du warst doch immer bei ihm«, sagte Marta. »Genau das hat Jesus immer gesagt. Genau darauf hat Jesus uns vorbereiten wollen.«

»Jesus lebt«, rief Ester, und Micha und Daniel nickten.

Selbst David nickte nachdenklich.

»Ich glaube es nicht«, sagte Tomas noch einmal und ging hinaus.

Jesus lebt

Marta lief mit den Kindern zu Rut und Jonatan. Rut brauchte nicht lange, bis sie überzeugt war. Aber Jonatan war genauso skeptisch wie Tomas.

Auch als nach und nach immer mehr Jünger berichteten, dass sie Jesus gesehen hatten und er mit ihnen gesprochen hatte, glaubte Tomas ihnen nicht.

»Ich will nichts mehr davon hören«, sagte Jonatan einmal und zog sich ganz zurück.

Micha und Daniel litten darunter, dass ihre Väter überhaupt nichts mehr damit zu tun haben wollten. Sie kamen auch nicht mehr mit, wenn sich die anderen Jünger heimlich trafen.

Nun war es David, der immer wieder versuchte, sie umzustimmen. »Wenn Jesus der Messias wäre, dann hätte er das nicht mit sich geschehen lassen«, hielt Jonatan stets dagegen. Und Tomas war auch nicht zu überzeugen: »Ich glaube nicht, dass er plötzlich wieder da ist, als sei nichts geschehen.« Jonatan versuchte sogar, David zu warnen: »Sag den Jüngern, dass sie nichts davon verlauten lassen sollen, dass sie zu Jesus gehört haben. Jetzt sind Jesu Feinde hinter uns allen her.«

Er hatte Recht, denn Jesus war als Gesetzesbrecher hingerichtet worden. Jetzt nach seinem Tod waren seine Anhänger in großer Gefahr. Wenn sie erst den Anführer hingerichtet hatten, dann konnten sie auch die gefangen nehmen und verurteilen, die ihm nachgefolgt waren. War erst der Anführer für schuldig befunden worden, dann waren es seine Anhänger auch.

So blieb den Jüngern nichts anders übrig, als sich heimlich zu treffen. Immer woanders. Sie verriegelten alle Türen, wenn sie zusammen waren.

An einem Sonntagabend war Jesus mitten unter ihnen. »Ich bringe euch Frieden«, sagte er und zeigte ihnen seine Hände. Deutlich waren die Spuren der Nägel zu sehen, mit denen sie ihn ans Kreuz genagelt hatten. Er zeigte ihnen auch eine Wunde an seinem Körper, die ihm ein Soldat zugefügt hatte. Er hatte ihm am Kreuz den erlösenden Todesstoß geben wollen.

»Ich bringe euch Frieden«, sagte Jesus noch einmal. »Wie der Vater mich in die Welt geschickt hat, so sende ich nun euch.«

Voller Freude kamen Rut und Marta heim zu Joschija und Mara und erzählten begeistert, was sie erlebt hatten. Sie hatten auch noch zwei andere Jünger mitgebracht. Zusammen wollten sie nun Tomas überzeugen. Kaum waren sie gekommen, da nahm Jonatan seinen Sohn an der Hand und ging mit ihm und den beiden Kleinen nach Hause. Rut schloss sich ihnen schließlich auch an.

»Bist du traurig?«, fragte Micha seine Mutter leise.

»Ich würde mich so freuen, wenn Jonatan

an Jesus glauben könnte«, antwortete sie. »Glaubst du denn, dass Jesus vom Tod auferstanden ist und lebt?«

Micha zögerte. »Wenn ihr es alle behauptet.«

Zur gleichen Zeit redeten die beiden Jünger auf Tomas ein. »Wir haben Jesus gesehen«, erzählten sie ihm voller Begeisterung.

Doch Tomas verschränkte abwehrend die Arme. »Ich glaube es nicht«, sagte er. »Da müsste ich schon selbst seine Hände sehen und mit meinen eigenen Fingern die Spuren von den Nägeln tasten. Und meine Hand müsste ich an seine Wunde legen können.«

»Komm doch einmal mit, wenn wir uns wieder treffen«, baten sie ihn so lange, bis er endlich einwilligte.

Als sie sich dann eine Woche später heimlich in einem Haus trafen, da waren wirklich Tomas und seine beiden Kinder dabei. Und Micha mit seiner Mutter. Jonatan hatte es ihm nicht verboten. »Du musst selbst wissen, was du glauben oder nicht glauben kannst«, hatte er zu Micha gesagt.

Micha blickte sich in dem Raum um. Wieder waren alle Türen sorgsam verriegelt. Da kam Jesus noch einmal zu ihnen. »Ich bringe euch Frieden«, sagte er. Und er blickte Tomas an und forderte ihn auf: »Sieh dir meine Hände an und lege deine Finger darauf. Und dann lege deine Hand auf die Wunde an meinem Körper.«

Als Tomas ihn ganz behutsam anfasste, sprach Jesus weiter: »Und jetzt zweifle nicht mehr länger und glaube, dass ich es wirklich bin.«

Da stand Tomas vor ihm und erkannte, dass es wirklich Jesus war, den er mit seiner Hand berührte.

»Mein Herr, mein Gott«, konnte er nur stammeln.

Jesus sah ihn an. »Weil du mich gesehen hast, deshalb glaubst du es nun«, sagte er. »Aber alle dürfen sich freuen, die mir vertrauen, auch wenn sie mich nicht sehen.« Und Jesus legte die Arme um die Kinder, die neben Tomas standen und ihn mit großen Augen anschauten.

Tomas konnte nichts mehr sagen. Er nickte nur. Aber jeder sah, wie glücklich er war, dass Jesus hier war und er ihm so nah sein durfte. Und so ging es allen.

Immer wieder berichtete Micha seinem Vater an diesem Abend, was er erlebt hatte und was mit Tomas geschehen war. Jonatan aber schüttelte nur den Kopf und wollte nicht weiter darüber sprechen.

Das Ende
und ein neuer Anfang

Jesus hatte sich seinen Jüngern gezeigt und nun ging er als Auferstandener wieder zu Gott zurück. Auch danach kamen die Jünger weiterhin zusammen. Eines Abends sagte Tomas: »Seltsam, jetzt ist Jesus nicht mehr unter uns. Aber keiner von uns ist traurig.«

»Ja, wir werden ihn hier nicht mehr sehen«, bestätigte Marta, »aber er wird immer bei uns sein.«

Keiner der Jünger widersprach. Jesus hatte es ja allen gesagt. Micha war traurig, dass sein Vater nicht wie sein Onkel Tomas wieder zu den Jüngern gehörte.

»Ich werde euch nicht daran hindern, an diesen Jesus zu glauben«, hatte Jonatan seiner

Familie erklärt. »Versteht mich aber auch. Ich kann und will das nicht. Ich kann nicht verstehen, dass erwachsene Menschen solche unglaublichen Dinge auch noch weiterverbreiten.« Jonatan wurde immer lauter. »Ich werde weiter auf den Messias warten, den Gott zu uns schickt, und der uns einmal erlösen wird.«

»Jesus ist dieser Messias«, wollte Micha ihm antworten. Doch als er den warnenden Blick seiner Mutter auffing, schwieg er lieber.

Wie in jedem Jahr feierten die Juden fünfzig Tage nach dem Passahfest das Wochenfest. Es ist das Fest zur Erinnerung an den Tag, an dem Mose von Gott die Gesetzestafeln mit den zehn Geboten empfing. Jetzt waren die Straßen in Jerusalem wieder voller Menschen. Sie waren zum Wochenfest in die Hauptstadt gekommen. Aber viele, sehr viele kamen in diesem Jahr nur aus einem einzigen Grund. Sie wollten mit den Jüngern über Jesus sprechen. Wie ein Lauffeuer hatte es sich in den letzten Tagen herumgesprochen, dass Jesus nach seinem Tod vielen Jüngern begegnet sei. Und dann sei er gar in den Himmel zu Gott gegangen. Den Jüngern hatte Jesus gesagt, dass sie noch in Jerusalem bleiben sollten, weil Gott ihnen etwas ganz Besonderes schenken wolle.

»Das ist ungeheuerlich«, schimpfte Jonatan. Trotzdem ging auch er zu dieser Zusammenkunft. Noch einmal wollte er sich selbst ein Bild von dieser Sache machen und die Menschen erleben, die immer noch keine Ruhe gaben. Waren es Narren, so wie viele behaupteten, oder hatten sie vielleicht doch Recht?

Der Vater war schon fort, als Micha und seine Mutter ebenfalls aufbrachen. Sie nahmen Rebekka und Ariel mit und brachten sie zuerst noch zu den Großeltern.

Als sie am Ende des Tages nach Hause zurückkamen, war Jonatan noch immer nicht da. Erst Stunden später betrat er das Haus und Micha erkannte seinen Vater fast nicht mehr wieder. Er polterte nicht, schimpfte nicht einmal, dass Rebekka und Ariel noch nicht im Bett waren. Nein, er ging auf Micha zu und erzählte ihm und seinen Geschwistern, was er an diesem Tag erlebt hatte. Rut wollte ihm das Essen hinstellen, doch er wehrte ab. So setzte sie sich auch dazu.

»Als dieser Jesus nach Jerusalem kam«, sagte Jonatan und räusperte sich, »habe ich von ihm nicht viel gehalten. Dann erfuhr ich, dass Tante Marta und Onkel Tomas auch Anhänger von ihm waren. Schließlich lernte ich ihn selbst kennen. Da habe ich begonnen, so wie viele andere auch, ihm zu glauben und zu vertrauen. Was dann geschah, hat mich so enttäuscht, dass ich nichts mehr damit zu tun haben wollte.«

Er schwieg und blickte Rut und die Kinder lange an. Dann sagte er: »Was heute geschehen ist, hat mich sehr verändert. Das ist nicht wahr, hätte ich behauptet, wenn ich es nicht besser wüsste. Ich war selbst dabei.«

So hatte Micha seinen Vater noch nie erlebt. Er war so aufgeregt und gleichzeitig so ruhig. Es war so, als wollte er die Freude, die er in sich trug, unbedingt mit ihnen teilen.

»Ich bin dort gewesen, wo sie sich getroffen haben«, erzählte er weiter. »Christen nennen sie sich. Christen nach ihrem Herrn, den sie Jesus Christus nennen. Christus ist der, der mit wertvollen Ölen zum König gesalbt wird.«

»Deshalb sprechen wir auch von unserem König«, meinte Rut.

»Ja, wegen dieses Königs sind viele Leute nach Jerusalem gekommen. Sie wollten mehr von ihm erfahren. Da waren Leute aus Rom und aus Ägypten, aus Griechenland und noch weiter her. Sie sprachen in allen Sprachen. Es waren so viele Leute, dass sie kaum genug Platz in dem Haus hatten, in dem sie sich versammelten. Zunächst blieb ich vor dem Haus stehen. Ich war mir nicht sicher, ob ich wirklich hineingehen sollte.

Aber dann geschah etwas, was ich noch nie in meinem Leben erlebt habe. Plötzlich kam so etwas wie ein Sturm auf. Ein Rauschen wie von einem gewaltigen Sturm kam vom Himmel herunter. Es rauschte in dem Haus, als würde etwas ganz Besonderes geschehen.

Wie gelähmt blieb ich stehen. Ich konnte mir nicht erklären, was das alles bedeuten sollte. Ja, ich hatte plötzlich Angst und wäre am liebsten davongelaufen. Aber da gab es kein Weglaufen mehr. Aus allen Richtungen liefen plötzlich die Leute herbei. Alle waren von dem unheimlichen und gewaltigen Rauschen aufgeschreckt worden. Sie wollten sehen, was hier geschah. Neben mir standen ein paar vornehme Kaufleute aus Ägypten. Sie fragten mich irgendetwas. Doch ich verstand sie nicht, denn ich spreche ihre Sprache nicht.

Und dann kamen die Jünger Jesu aus dem Haus. Sie redeten laut zu uns allen, die wir vor dem Haus standen. Sie erzählten von Jesus und dass er der König der Welt sei. Was ist jetzt das Besondere, fragte ich mich. Das haben sie doch schon immer gesagt. Aber dann begriff ich das Wunder. Da waren Römer und Ägypter, Griechen und Leute aus vielen anderen Ländern. Und alle konnten verstehen, was die Jünger sagten.«

Jonatan blickte von einem zum andern. »Die Jünger können doch nicht plötzlich alle

Sprachen sprechen, dachte ich zweifelnd. Das sind doch Leute von hier, aus unserem Land. Einfache Leute wie wir. Wie sollten sie da plötzlich Griechisch oder Latein gelernt haben? Ja, das war das Wunder. Alle Leute konnten die Jünger verstehen. Die Leute aus Rom hörten sie lateinisch sprechen. Die Leute aus Griechenland verstanden sie, weil sie griechisch sprachen. Und auch die Ägypter neben mir verstanden sie. Die Jünger berichteten von Gottes Taten und von Jesus. Sie nannten ihn wieder Messias. Und alle Menschen, die dort versammelt waren, konnten die Jünger verstehen.«

Wieder machte Jonatan eine Pause. »Du hast doch nicht getrunken, sagte ich mir. Das haben wir zuerst fast alle gedacht. Einige von denen, die um mich herumstanden, riefen laut: ›Die Leute sind ja betrunken.‹ Und viele haben laut gelacht. Aber denen ist das Lachen schnell vergangen. Da stand nämlich einer der Jünger mitten unter uns. Simon hieß er früher und Petrus nannten sie ihn jetzt, weil Jesus ihm diesen Namen gegeben hatte. Sein Name bedeutet ›Fels‹. Wie ein Fels stand er da. Und dieser Mann war bestimmt nicht betrunken. Ich habe ganz nahe bei ihm gestanden. In diesem Mann brannte ein Feuer. Er hatte etwas erlebt, was keiner geglaubt hatte. Gottes Heiliger Geist war über ihn gekommen. Aber nicht nur über ihn. Auch über all die anderen, die sich Christen nennen. Und dieser Petrus sprach zu uns. Er und die anderen berichteten, was sie mit Jesus erlebt hatten und was Jesus gesagt hatte. Und wir alle verstanden sie. Jeder in seiner Sprache.«

Er schwieg und blickte mit leuchtenden Augen Rut und die Kinder an.

Rut nickte. »Gott selbst hat bewirkt, dass sie von allen verstanden werden konnten«, sagte sie leise. »Ja, Gott selbst hat das bewirkt.«

»Es war ein wirkliches Wunder«, rief Micha.

»Ich würde es nicht glauben, wenn ich nicht selbst dabei gewesen wäre«, sagte Jonatan wieder.

»Dann glaubst du jetzt auch, dass Jesus der König ist?«, bohrte Micha nach.

Da drückte ihn sein Vater ganz fest an sich. »Nicht nur ein König«, sagte er. »Er ist Gottes Sohn.«

»Ja, ich weiß. Wir waren doch auch dabei. Nur weil so viele Leute da waren, haben wir uns nicht gesehen«, erwiderte Micha. »Morgen treffen wir uns wieder bei Freunden. Ich freue mich schon, denn Ester und Daniel werden auch da sein.«

»Wir müssen alle noch viel mehr von diesem Jesus erfahren«, antwortete Jonatan. »Wir gehen alle zusammen dorthin. Jeder von uns muss mehr von diesem König erfahren, der Gottes Sohn ist.«

Liebevoll nahm er Rut in den Arm. Dann trug er die beiden Kleinen huckepack ins Bett. Rebekka und Ariel sollten morgen gut ausgeschlafen sein.

Krenzer, Rolf:
Micha und das Osterwunder
ISBN 3 522 30036 X

Einbandgestaltung: Hella Seith
Innenillustrationen: Jutta Boxhorn
Einbandtypografie: Michael Kimmerle
Schrift: Candida
Satz: KCS GmbH, Buchholz/Hamburg
Reproduktion: immedia 23, Stuttgart
Druck und Bindung: Friedrich Pustet, Regensburg
© 2003 by Gabriel Verlag
(Thienemann Verlag GmbH), Stuttgart/Wien
Printed in Germany. Alle Rechte vorbehalten.

5 4 3 2 1*   03 04 05 06

Gabriel im Internet: www.gabriel-verlag.de

Vertraute und neue Kindergebete

Erwin Grosche
**Du machst mich froh
Das große Buch der Kindergebete**
224 Seiten mit Illustrationen, ISBN 3 522 30013 0

Über 200 Gebete für morgens, mittags, abends und zwischendurch sind in dieser Sammlung vertrauter und neuer Kindergebete zu finden. Einige Gebete führen durch die Jahreszeiten und die Kirchenfeste. Andere stammen aus der Bibel oder aus fernen Ländern.
Diese Gebete machen Kindern Mut, mit ihren kleinen und großen Sorgen und den schönen Erlebnissen zu Gott zu kommen. Ein Buch für die ganze Familie.

Du, Mama, wie war das eigentlich?

Jule Sommersberg
Adam, Eva und ein Boot voller Tiere
Gesamtausstattung: Heribert Schulmeyer
112 Seiten mit Illustrationen, ISBN 3 522 30015 7

Johanna Blume mag Geschichten aus der Bibel und ist außerdem ziemlich neugierig. Deshalb kann ihre Mutter nicht eine Geschichte erzählen, ohne dass Johanna ihre Zwischenfragen stellt. Mit jeder Geschichte rückt Johanna die fremde Welt der Bibel ein wenig näher, denn Frau Blume lässt sich durch fast keine Frage aus der Ruhe bringen. Die Autorin lässt Frau Blume aber nicht alles erklären. So bleibt auch manchmal etwas einfach stehen, geheimnisvoll wie es eben ist.